DES RAPPORTS

DE

LA TUNISIE

AVEC L'EUROPE

PAR UN COSMOPOLITE

PARIS

CHALLAMEL, LIBRAIRE	DENTU . LIBRAIRE
Rue des Boulangers-S.-Victor, 30.	Palais-Royal, galerie d'Orléans.

1865

1340

DES RAPPORTS

DE LA TUNISIE

AVEC L'EUROPE

Bône, imprimerie de DAGAND.

DES RAPPORTS

DE

LA TUNISIE

AVEC L'EUROPE

PAR UN COSMOPOLITE

PARIS

CHALLAMEL, LIBRAIRE   DENTU , LIBRAIRE
Rue des Boulangers-S.-Victor , 30.   Palais-Royal , galerie d'Orléans.

1865

DES RAPPORTS

DE LA TUNISIE

AVEC L'EUROPE

L'étude du monde mahométan captive
depuis de longues années le penseur, le
philosophe, l'homme d'état. Tous y cherchent autre chose que la satisfaction d'une
vaine curiosité, autre chose que d'observer
en amateurs un des phénomènes les plus
étranges de l'histoire des peuples ; car ce

n'est plus la question d'Orient seulement qui est ici en jeu; depuis la conquête de l'Algérie par la France, le sort des peuples musulmans pèse dans la balance de toutes les questions européennes.

Pour la première fois depuis l'ère chrétienne, des musulmans sont venus combattre en Europe à côté de soldats européens, et celui qui a provoqué cette intervention insolite dans nos querelles politiques nous a trop habitués à des actes profondément médités, calculés de longue main, pour que la présence de musulmans, dans les plaines d'Italie et dans les rangs de l'armée française, ne constituât pas, à elle seule, tout une révélation.

L'appui prêté par les armes musulmanes aux alliés de l'Occident, durant la guerre de Crimée, n'est pas moins significatif.

La question d'Orient a beau sembler, au premier abord, intéresser plus intimement les peuples de l'islam, vue de près, elle intéresse tout autant les peuples de race saxonne ou latine que les croyants.

Nous n'hésitons pas à considérer comme un crime contre la civilisation le moindre acte tendant à affaiblir, à diviser, a annihiler le monde musulman. Tout, au contraire, doit nous porter à le consolider, à le raffermir ; car, sans ce coefficient précieux, sans cet allié qui peut devenir sincère et dévoué, nous n'échapperons plus au joug de ce colosse qui, la tête sous les frimats du nord et touchant des pieds aux brûlants climats de l'Asie, aspire à la domination universelle.

Qu'avons-nous fait jusqu'aujourd'hui pour le monde musulman? Depuis qu'il a cessé d'être agressif en Turquie, d'être une menace pour notre marine dans la Méditerranée, nous nous en amusons comme d'un lion que nous aurions réduit à l'impuissance. Prenons garde au réveil ! En peu d'années, les griffes peuvent repousser au terrible animal, le courage qu'il semble avoir perdu dans la molesse et le désœuvrement lui revenir, et alors nous pouvons nous trouver pris un jour dans de cruelles angoisses, entre l'oppresseur du Nord et les fureurs des peuples de l'Orient et du Midi, si longtemps et si injustement opprimés par notre imprévoyante politique.

Il y a quelques mois seulement, un penseur couronné visitait la terre africaine, et, au retour, il écrivait un plaidoyer en faveur des musulmans de son empire. Il y condamna loyalement et avec une franchise digne d'un grand souverain les fautes d'une administration dont les tracasseries avaient constitué la plus détestable des politiques.

En présence de ces faits, il est permis d'aller plus loin et d'examiner si, à côté des torts qu'on redresse, on ne pourrait pas provoquer le bien par la force de l'exemple; si on ne pourrait pas, par des conseils bienveillants, par la persuasion qui gagne les cœurs, influencer les Etats musulmans, au lieu de s'immiscer avec arrogance, même dans leurs affaires d'ordre intérieur.

Parmi les Etats de l'islam dont les souverains se sont efforcés d'introduire chez eux des réformes, d'imiter des institutions européennes, ce n'est pas le plus grand qui marche le premier; c'est le plus petit, au contraire, qui a montré le plus de bonne volonté et qui serait allé le plus loin, si les représentants des grandes puissances ne s'étaient pas plu à l'envi de le tracasser, de l'humilier, de le décourager; et ils auraient presque réussi à le détourner de la route sur laquelle il se rapprochait rapidement du but où il est de l'intérêt de tous de voir marcher le monde musulman.

La Turquie a certes beaucoup fait dans le sens des idées européennes. Mais il faudra peut-être un siècle avant que la pensée qui anime la tête de ce grand corps puisse arriver rapidement, sûrement aux extrémités,

pour les vivifier. Ensuite il ne faut pas oublier que les peuples musulmans sont émi-
nemment religieux et fort peu politiques. Or
l'Europe sait, par sa propre expérience, à
quelles longues luttes, si souvent stériles,
l'élément civil et politique a été exposé pour
conquérir pied à pied le peu de terrain où il
se maintient à peine; et combien de fois ne
s'est-il pas rencontré qu'après un demi-siècle
d'efforts on se retrouvait juste au point
d'où on était parti?

Le Maroc, placé à l'autre extrémité du
monde musulman, est encore trop peu
avancé pour qu'on puisse en tenir compte
ici. C'est un Etat complètement en dehors de
notre influence et qui montre le moins de
disposition à se rapprocher de nous.

Quant à l'Egypte, comme nous n'avons
jamais cherché à prendre de gaîté de cœur
des apparences pour des réalités, nous esti-
mons à leur juste valeur les changements
de forme qui s'y opèrent, mais qui ne con-

tribueront que dans une faible mesure à la régénération du monde musulman.

Et qu'on ne se trompe pas sur le sens que nous donnons au mot de régénération. Nous ne croyons pas à la régénération de l'islamisme par un principe qui serait étranger à sa nature, à son caractère. C'est sur le terrain même de l'islamisme qu'il importe de chercher les éléments de sa régénération.

Ainsi nous ne compterons jamais de ce nombre l'imitation de notre établissement militaire européen par les Etats mahométans.

Il est rationnel que l'on essaie de combattre ses ennemis par les moyens supérieurs qui leur sont propres, et il n'est que sage que les princes musulmans cherchent dans l'établissement d'armées permanentes les moyens de sauvegarder leur indépendance, de nous opposer cette formidable discipline contre laquelle viennent se briser toute la valeur, toute l'intrépidité de leurs soldats; mais ce ne sont pas là des réformes devant conduire à la régénération de l'islamisme.

Le monde musulman pourra se régénérer lorsqu'il comprendra que ses véritables intérêts, même comme corps religieux, sont inséparables des nôtres; que toute hostilité, toute haine entre musulmans et Européens doit cessser; que cette haine, ces hostilités ont d'autant moins de raison d'être que nous nous rapprochons beaucoup plus tous les jours de leurs idées, qu'ils ne se sont jusqu'à présent éloignés des nôtres.

Pour en revenir à l'Egypte, si nous voulons apprécier la vraie valeur de ce qui s'y est passé sous Méhémet-Ali, et depuis, nous pouvons nous en rapporter au récit du célèbre voyageur Burkhardt, auquel un jour le conquérant de l'Egypte exposa son système de gouvernement. Prenant dans sa main droite une bourse remplie de sequins, et dans sa main gauche un sabre, il s'écria : « C'est avec ce sabre que j'ai conquis cet argent ; avec cet argent j'ai acheté d'autres sabres, et c'est ainsi que je suis devenu successivement le maître de grandes armées, le possesseur de grands royaumes. »

Le premier vice-roi venu qui trouverait bon d'ôter à l'Egypte le vernis européen dont on s'est plu à l'enduire pourrait en un seul jour le faire disparaître sans qu'il en restât la moindre trace.

Ensuite l'Egypte ou plutôt son gouvernement est tiraillé en sens divers par des influences étrangères qui cherchent toutes à s'y exclure les unes les autres. La France voudrait y asseoir son influence de façon à y primer celle de l'Angleterre qui fait tous ses efforts pour étreindre l'Egypte dans un cercle de bastions, afin de se réserver libre sa route vers l'Inde, tandis que la Russie recherche dans les vice-rois des alliés futurs contre le sultan.

La Russie, on le sait, tend toujours à faire de la propagande religieuse, l'avant-

coureur de ses ténébreux projets politiques.
Ainsi, on a vu tout-à-coup la secte catholique égyptienne des Melchites se convertir à
l'église grecque évidemment sous l'instigation
de la Russie, dont les émissaires avaient su
habilement profiter de la répugnance des
Melchites à introduire le calendrier grégo-
rien recommandé par le patriarche Clément.
Ainsi la Russie ne dédaignait pas de profiter
des préjugés d'un peuple encore barbare
pour l'attirer vers l'église grecque qui maintient toujours le calendrier défectueux de
Julien. Il est douteux, toutefois, que les intrigues russes puissent avoir raison du pro-
tectorat que la France et l'Angleterre exercent, tantôt conjointement, tantôt à tour de
rôle, sur le gouvernement égyptien.

Où donc trouver dans le monde mahométan un point lumineux qui nous annonce
l'aurore d'un jour nouveau, un point de dé-
part pour la régénération de l'islamisme?

Nous croyons le découvrir dans un état

peu étendu par son territoire, peu considé-
rable par le nombre de ses habitants, mais
dont les prodigieuses ressources mettront
les hommes éminents dont la providence l'a
favorisé depuis nombre d'années à même de
réaliser les plus grandes choses, d'aborder la
régénération du monde musulman.

Nous avons clairement désigné la Tunisie.

Ce petit état jouit du privilége rare de
posséder une dynastie qui le gouverne sans
interruption depuis cent cinquante ans. Cet
élément de stabilité, précieux partout, n'a
nulle part une plus grande portée qu'en
Orient, où l'empire des traditions est plus
puissant que sur aucun autre point du globe.

Parmi les princes de la race des Hussein,
le plus grand nombre a brillé par la valeur,
la sagesse, la fermeté du caractère. Leur
politique extérieure a été marquée presque
toujours au sceau de la plus grande habileté;
jamais ils ne sont tombés dans ces accès d'ar-

rogance, si familiers jadis aux chefs de la dynastie turque, aux deys d'Alger et de Tripoli, aux empereurs du Maroc. Ils ont été heureux sans cesse à contenir ou à réprimer les dissentions intestines, à vaincre les insurrections, et il en a été ainsi jusqu'au règne glorieux d'Ahmed, et au passage au trône du doux et intelligent Mohammed, auquel a succédé le souverain actuel, Mohammed Essadak, dont le règne rivalisera avec celui des princes les plus glorieux de sa dynastie, des princes les plus sages dont l'histoire fasse mention.

Quoique l'appréciation de ce règne n'appartienne pas encore au domaine de l'histoire, il nous sera permis d'y rechercher déjà les éléments ébauchés d'une régénération future de l'islamisme.

A côté des conditions de stabilité où se trouve la Tunisie, conditions que la dernière révolte n'a pu compromettre, il s'en trouve une autre essentielle à la prospérité et à la grandeur future de cet état. Nous voulons parler de l'indépendance que ses souverains ont su maintenir avec une fermeté et une persévérance sans égale contre la puissante Porte. Aussi, ne voyons-nous jamais sans sourire le nom des sultans figurer sur la monnaie tunisienne.

Cet emblème religieux rappelle une tradition, respectable sans nul doute, mais qui ressemble au titre de roi de Chypre et de Jérusalem que les rois de Piémont persistaient à inscrire sur leurs monnaies.

L'indépendance de la dynastie tunisienne est un fait que les puissances européennes admettent toutes comme accompli, et qu'elles ne tarderont pas à reconnaître publiquement pour en finir avec un non-sens qu'elles ne sauraient tolérer davantage sans compromettre leur propre dignité. Ainsi quand l'amiral anglais, après avoir apporté dernièrement à Sa Majesté Mohammed Essadak les insignes de l'ordre du Bain, hissa, en quittant la rade, le pavillon du Sultan au lieu de celui du souverain de Tunisie, auquel il venait de payer le tribut d'honneurs royaux, il ressemblait à celui qui, sortant d'un port de France saluerait le drapeau anglais, pour justifier les prétentions du *Common Prayer Book* [1].

Mais si la Tunisie jouit pleinement de ces deux conditions sans lesquelles la prospérité d'un état n'est qu'illusoire : la stabilité et l'indépendance, elle est tourmentée d'un mal qui paralyse les meilleures intentions de ses souverains les plus intelligents, les plus nobles efforts de ses hommes d'état ; et ce mal, cette plaie, c'est l'immixtion de l'étranger jusque dans ses questions d'ordre intérieur.

En 1861, M. Walewski, alors ministre des

_____

(1) Livre d'heures des protestants anglais, où l'on continue de reproduire un privilége d'imprimeur, en tête duquel se trouvent inscrites les prétention sdes rois anglais au trône de France.

affaires étrangères de France confia la mission de pratiquer des fouilles à Carthage,
à M. de Flaux, écrivain honorablement connu par ses travaux sur la Suède et le Danemark. Cet auteur vient de publier sur la
Tunisie un livre[1] où nous remarquons le
passage suivant :

« Le gouvernement est animé des meilleures intentions, je l'ai déjà dit et je le
répète sans crainte d'être contredit ; mais il
lui est plus difficile qu'à tout autre de faire
le bien. Voici pourquoi : des capitulations
signées le plus souvent après des désastres et
à une époque où les Barbaresques, considérés comme des pirates, étaient mis au ban
des nations, créent à chaque instant aux
ministres de graves embarras. Trop souvent
des officiers européens, après un bombarde-
ment, par abus de la force et sous le coup

---

(1) *La Régence de Tunis au XIXᵉ siècle,* par A. de Flaux,
gr. in-8º. Paris, Challamel aîné (1865).

de la terreur, imposaient aux princes des
conditions exorbitantes. Leurs consuls, qui
n'avaient pour mission que de protéger leurs
nationaux et de présider à la loyauté des
transactions commerciales, étaient non-seulement transformés en hommes politiques,
mais ils puisaient dans leurs priviléges le
droit de s'immiscer dans les affaires intérieures du pays. Ce qu'il y avait de plus
funeste encore, c'est que les avantages accordés à une nation chrétienne éveillaient les
susceptibilités et la jalousie des consuls des
nations rivales qui exigeaient aussitôt pour
leurs compatriotes des conditions aussi bonnes, sinon meilleures, et ne s'abstenaient
de menaces et de tracasseries qu'après les
avoir obtenues. Croirait-on que, pendant
ces derniers évènements, le consul d'une
grande nation, en vertu d'un ces traités
surannés, ait osé exiger du bey le renvoi
d'un ministre qui avait sa confiance? Le bey
a résisté aux prières comme aux menaces.

Il a déclaré qu'il périrait sous les décombres de sa capitale bombardée plutôt que de se soumettre à des exigences qui le déshonoreraient vis-à-vis de ses sujets. Le bey avait mille fois raison, et le consul n'aurait pas eu tort, si les capitulations sur lesquelles il appuyait ses prétentions, sans être abrogées, n'étaient pas tombées en désuétude. Aujourd'hui que la course est abolie, que chez les Barbaresques comme chez nous, les souverains sont assez bien intentionnés pour respecter et assez forts pour faire respecter tous les chrétiens qui vivent sous leur protection, ces monuments du passé, qui n'ont plus de raison d'être depuis la disparition des causes qui les ont engendrées, devraient être considérées comme lettre-morte et relégués au fond des archives des ministères. La France et l'Angleterre, oublieuses du passé, devraient signer avec Tunis des traités analogues à ceux qui les lient avec les puissances européennes de second ordre ; tout le monde gagnerait à faire oublier des souvenirs qui rappellent des temps de ténèbres et de violence. »

Nous enregistrons avec empressement un pareil aveu; et la mission de M. de Flaux aurait peu profité à l'archéologie, qu'elle n'aurait pas moins eu un côté très-utile par les seules paroles qu'on vient de lire. D'ailleurs le fils du consul de Suède à Tunis, dans une brochure sur le royaume tunisien, s'est rencontré avec M. de Flaux sur ce point important; il dit, en note, à la page 31e de de son écrit :

« La plupart des traités, valables encore aujourd'hui et conclus entre les puissances étrangères et Tunis, datent du commencement du dix-septième siècle; ils ont été pour ainsi dire calqués sur les capitulations de la France avec le grand-seigneur et sont en analogie avec le traité du 25 novembre 1665 entre la France et Tunis, sous le bey Mourad, les Français ayant été les premiers à imposer au Levant la concession et la garantie de priviléges favorables. Il serait cependant d'utilité réciproque que les gouvernements étrangers fissent avec Tunis de nouveaux traités qui fussent mieux que les anciens en rapport avec l'état actuel de ce pays. »

Cet aveu, il est vrai, se trouve un peu mitigé par l'ostentation avec laquelle l'auteur célèbre les prérogatives et la presque omnipotence des agents consulaires à Tunis.

On aura peine à croire que c'est par jalousie de tout ce qui pourrait compromettre ces prérogatives que le quartier européen à Tunis est le moins propre de toute la capitale! L'Européen qui vient s'y enrichir, pour regagner son pays après avoir fait fortune, ne paie d'autre contribution que celle résultant des droits de douane acquittés pour les marchandises qu'il pourrait recevoir de l'étranger. Le Gouvernement, qui veille d'une manière digne d'éloges à

l'entretien et à la propreté des rues, a offert
d'étendre au quartier européen les mesures
prises à cet égard, moyennant une légère
capitation. Les consuls paraissent s'y refuser
obstinément, et ces mêmes hommes qui
siégent au conseil sanitaire maintiennent
une situation qui pourrait devenir désas-
treuse si une épidémie venait à éclater à
Tunis.

Nous croyons que S. M. Mohammed-
Essadak devrait s'efforcer de mettre un
terme à une situation blessante pour son
autorité vis-à-vis de son peuple, et affli-
geante pour les Européens eux-mêmes, qui
s'en plaignent hautement.

Le souverain, qui a résisté si dignement
aux prétentions injustes du représentant
consulaire d'une des premières puissances
du monde, le souverain qui aurait mieux
aimé s'enterrer sous les ruines de sa capitale
que de renvoyer le grand ministre qui l'avait
si longtemps et si noblement secondé dans

son œuvre régénératrice, devrait, s'armant du même courage, protester contre des abus de puissance qui compromettent son autorité suprême.

Il faut que les puissances européennes reviennent sur des traités indignes des bonnes intentions de Sa Majesté tunisienne, incompatibles avec le progrès qui s'est opéré dans les idées des habitants de ce royaume.

Pourquoi le souverain de la Tunisie n'aurait-il pas le droit de refuser l'*exequatur* à tout consul européen dont le Gouvernement n'aurait pas consenti à signer avec lui des traités conformes à la dignité d'un Gouvernement qui marche si loyalement dans la voie d'un sage progrès?

Conformément au Pacte fondamental, la création de tribunaux, auxquels auraient été soumis indistinctement les sujets étrangers établis en Tunisie, appelés à jouir des mêmes droits et avantages que les propres sujets de Sa Majesté, la création de ces

tribunaux, disons-nous, amoindrissait singu-
lièrement la puissance des consuls. Il est vrai
que le Pacte fondamental n'est plus, grâce
à une insurrection dont l'histoire dévoilera
un jour les vrais promoteurs.

Remarquons que la date de promulgation
du Pacte fondamental coïncide avec la présence de M. Léon Roches, comme consul de
France à Tunis. Nous n'admettrons jamais,
la supposition toute gratuite, que ce Pacte
soit l'œuvre de M. Roches ; mais on peut,
avec quelque raison, penser qu'un acte aussi
solennel n'a pas été accompli sans qu'il en
eût eu antérieurement connaissance ; et il
est certain, dès lors, qu'il n'y a fait aucune
objection. Il n'avait pu échapper à M. Roches
que l'amoindrissement de la juridiction consulaire ne compromettait en rien, ni l'autorité légitime des représentants étrangers, ni
l'importance de la mission qu'il avait à remplir à Tunis. Il n'avait donc aucun intérêt
à entraver un acte qui faisait le plus grand

honneur à l'initiative du souverain de la Tunisie en même temps qu'il constituait un hommage éclatant aux principes de notre civilisation.

Il n'est même pas téméraire d'admettre que le représentant de la France devait saluer avec joie la promulgation de ce Pacte. Le cabinet français a toujours été favorable à l'indépendance de la Tunisie, et son consul général ne pouvait qu'applaudir à un acte qui devait conduire S. M. Mohammed-Essadak à devenir maître chez lui, à assurer à son gouvernement à l'intérieur cette indépendance sans laquelle l'indépendance au dehors devait être illusoire. Le nouveau Pacte offrait d'ailleurs aux Européens des garanties plus larges que les capitulations et les traités les plus favorables à leurs intérêts.

Ce n'est donc ni la France, ni ses agents qui avaient intérêt à voir l'insurrection triompher du Pacte fondamental; et c'est ailleurs qu'il faut chercher l'origine des in-

trigues ou des excitations étrangères qui s'y
sont trouvées mêlées. Mais il n'appartient,
nous le répétons, qu'à l'histoire de soulever
le voile qui couvre cette œuvre ténébreuse.

Avec toute l'admiration que nous profes-
sons pour le Pacte fondamental, malgré
l'émotion profonde que nous en a toujours
causé la lecture, nous croyons que c'était là
une œuvre prématurée, dont il eût mieux
valu appliquer tacitement les maximes que
de la promulguer publiquement.

Le Pacte fondamental eût pu être communiqué en secret aux princes de la maison
royale et aux ministres possédant la confiance absolue du souverain, et les uns et les
autres eussent pu s'associer par serment à
l'exécution de cette œuvre magnifique. Là,
toutefois, eût dû se borner la publication
d'une constitution qui demeurera pour S. M.
tunisienne un éternel titre de gloire; mais
avec laquelle il fallait d'abord familiariser
le peuple par la pratique, en ne hasardant

que lentement l'application de maximes, de la plus haute valeur, sans nul doute, mais diamétralement opposées en grande partie aux idées, aux opinions, aux traditions séculaires des musulmans.

Maintenant que l'application de ce pacte glorieux est ajournée, que la pratique en est suspendue, que la juridiction consulaire est rétablie dans son omnipotence, examinons où a conduit cette influence étrangère, si funeste aux intérêts de la Tunisie, si blessante pour l'autorité légitime de son souverain.

Et d'abord, le premier ministre perd le temps précieux qu'il devrait consacrer exclusivement aux affaires de l'Etat, aux intérêts de son souverain, à écouter les doléances et les réclamations de MM. les consuls, à élucider de petites questions, à débattre de petits intérêts, à vider de mesquines querelles.

Des usuriers prètent-ils, malgré les aver-

tissements publics réitérés du souverain,
des sommes aux princes de sa maison, en
stipulant des intérêts de 300 p. 0/0, en
faisant des conditions calquées sur celles
d'Harpagon à son fils, il se trouve aussitôt
un consul pour appuyer, la menace à la
bouche, ces iniques prétentions.

Dans une rixe fortuite, comme il en arrive
partout, un musulman assassine-t-il un sujet
italien, aussitôt une frégate de guerre vient
parader devant La Goulette pour demander
réparation.

Mais, quand des sujets italiens troublent
par de sanglantes *vendette* la sécurité publique, les coupables sont-ils toujours re-
cherchés et punis comme ils le méritent?
Nous avons entendu à Tunis même d'étranges réponses à cette question, des réponses
qui ne sont pas à l'avantage de la police
consulaire.

Quoi qu'il en soit, les incidents souvent
les plus naturels, les plus simples, sont

grossis, exagérés à plaisir jusqu'à ce qu'il en résulte du retentissement au dehors ; et, alors, poussant les choses à l'extrême, on y parle, à propos de rien, d'aller attaquer et conquérir la Tunisie.

Ainsi, on peut aujourd'hui entendre ce langage insensé d'un bout à l'autre de l'Italie, dans les cafés, dans les cercles, sur les places publiques. « L'Italie est tourmentée d'un besoin irrésistible d'expansion, » s'écrient ces mêmes hommes qui n'osent pas aller à Venise, qui ne peuvent pas aller à Rome et qui voudraient venger sur des musulmans l'échec subi par leur vaniteux mot d'ordre : *L'Italia farà da sè!*

Parce que des usuriers italiens pillent la Tunisie, on voudrait la prendre tout entière ! Ce serait plus commode, en effet, on pourrait l'exploiter à son aise.

Et ces belles rodomontades se débitent sans sourciller, de façon à faire croire qu'il n'y a plus de droit public en Europe !

Est-il étonnant dès lors que l'on voie des journaux français d'Algérie prêcher l'annexion de la Tunisie aux possessions françaises d'Afrique?

Si de pareilles absurdités méritaient l'honneur d'une réfutation, on la trouverait toute faite dans le mémoire publié par Napoléon III à son retour de l'Algérie. Ce n'est pas lorsque l'on veut réformer toute l'administration d'un pays, dans le but de devenir juste envers un peuple conquis, que l'on irait imposer le joug de la conquête à la partie la plus sage, la plus éclairée, la plus avancée de la race à laquelle ce peuple appartient, au seul Etat qui puisse nous montrer dans l'avenir par quels moyens les musulmans peuvent travailler eux-mêmes à l'œuvre de leur régnération.

Lorsque les Etats-Unis appartenaient à l'Angleterre, la métropole en tirait un revenu peu important. Aujourd'hui, l'Angleterre retire de ses rapports libres avec son

ancienne colonie un équivalent plus consi-
dérable cent fois que les impôts dont on la
frappait.

La France prendra sûrement exemple sur
ce précédent. Lorsque son commerce et son
industrie auront décuplé leurs rapports avec
le royaume tunisien, il en résultera pour elle
plus de bien que si elle s'annexait toute l'Afrique musulmane.

Croirait-on pouvoir conquérir et maintenir la Tunisie à un titre moins onéreux que
la France n'a possédé l'Algérie pendant de
si longues années?

Et ce serait l'Italie, à peine au début de
sa nouvelle organisation politique, chargée
outre mesure de dettes et d'emprunts, qui
voudrait imiter la France?

Il y a une fable de Lafontaine qui devrait
lui donner à réfléchir, lui faire suspendre
des démonstrations ridicules et ajourner
toute idée de conquête jusqu'à ce qu'elle ait
mis de l'ordre à ses affaires intérieures, et

renoncer au rôle dangereux de Picrochole.

La grande France, lorsqu'elle débarqua en Algérie, n'avait à combattre qu'un parvenu insensé, cruel, sans racine dans le pays. Plus tard, elle se trouva en face d'Abd-el-Kader, fanatisant jusqu'au délire le patriotisme musulman. Elle en eut raison, mais Dieu sait au prix de quels sacrifices!

Et l'Italie voudrait s'attaquer à la glorieuse et populaire dynastie des Hussein qui tient au sol par les plus puissantes racines! Mais, à la voix de leur souverain, Maures et Arabes accourraient par légions pour défendre l'indépendance du sol natal, et des Abd-el-Kader sortiraient de terre par centaines pour prêcher la guerre sainte et exciter jusqu'au fanatisme les fils de l'islam.

Que l'Italie ne se trompe pas sur les faciles succès des Espagnols au Maroc! Il n'y a pas de comparaison possible entre les hordes marocaines et les forces de la Tunisie où déjà la valeur proverbiale des troupes indigènes s'est triplée par des habitudes d'ordre, de discipline, et où les officiers ont déjà fait des progrès remarquables dans la tactique européenne.

Mais, pour mieux faire ressortir l'inanité de projets aussi ridicules, nous passerons à une autre garantie de stabilité, d'indépendance et de force propre à la Tunisie, comme à aucun autre Etat musulman.

Le chef de la dynastie nationale y est entouré d'hommes éminents, formant un ensemble de capacités qui ferait honneur aux gouvernements les plus en crédit. Un monarque a beau être animé des meilleures intentions, embrasser d'un coup-d'œil les besoins de son Etat, ses rapports avec les puissances étrangères; il a beau, dans sa haute intelligence, projeter les plus sages mesures pour la prospérité de son pays, s'il n'est entouré d'hommes capables de le comprendre, d'entrer pleinement dans sa pensée pour l'appliquer avec discernement, de porter à leur souverain un dévoûment et une fidélité sans bornes, les plus nobles intentions du monarque, ses projets les plus sages demeureront stériles.

S. M. Mohammed Essadak a eu le rare bonheur de se voir entouré d'une pléïade d'hommes capables de remplir la haute mission qu'il voulait leur confier.

En tête de ces hommes se trouve le khasnadár, premier ministre et confident intime de la pensée comme des projets de son souverain.

On a beaucoup parlé de l'omnipotence du khasnadar, de ses prétentions à tout gouverner, tout diriger, tout examiner par lui-même dans les moindres détails. C'est là, de la part de ses ennemis, une calomnie ; de la part des indifférents, une appréciation aussi vague qu'irréfléchie. S'il est des gouvernements où le besoin d'unité se fait sentir, ce sont ceux qui entrent pour la première fois dans des voies nouvelles ; et si nous avions

une seconde objection à faire au Pacte fondamental, ce serait précisément d'avoir
tendu à compromettre cette unité salutaire.

Est-ce à dire qu'un homme qui, sous
l'inspiration de son souverain, préside aux
nouvelles destinées d'un pays doive se trouver isolé au sommet de l'Etat sans aucun
lien avec ceux qui exécutent ses instruc-
tions? Assurément non, et le khasnadar n'a
jamais ambitionné une pareille situation.

Bien loin d'éloigner les cœurs, il n'est nul
homme qui possède à un plus haut degré
l'art de les attirer, et nous sommes certain
que, parmi les hommes distingués qui l'entourent, il n'en est pas qui ne soit prêt à le
seconder loyalement et sans la moindre ar-
rière-pensée.

Lors de la dernière insurrection où les
actes du grand ministre ne servaient que de
prétexte à des projets ténébreux qui visaient
plus haut encore que lui, il trouva fidèles et
dévoués tous les hommes éminents du

royaume, et hostiles quelques traîtres obs-
curs seulement dont la plupart devaient leur
position subalterne à ses bienfaits.

Pour caractériser l'omnipotence du khasnadar, on l'a comparé à Richelieu. Nous
acceptons la comparaison ; car Richelieu, lui
aussi, ne vivait pas dans un isolement su-
perbe ; il se reposait au contraire sur une
foule de capacités dévouées, mais il sentait
que, pour réaliser les grands projets qui por-
tèrent la France si haut, il devait rester le
maître absolu de la situation.

Il y a d'ailleurs de la grandeur d'âme à
accepter pour soi seul la responsabilité de ses
actes. Le khasnadar, sachant qu'il n'avait
fait qu'accomplir les intentions de son maître
et souverain, voulait seul porter les suites
de son dévouement ; et nous avons été plein
d'admiration pour le souverain et le ministre
tenant fièrement tête à l'orage sans se retran-
cher derrière personne, et le conjurant par
une inébranlable fermeté.

Il était naturel que la calomnie s'acharnât après une administration comme celle du khasnadar. Chaque jour ce sont des accusations nouvelles rivalisant d'absurdité les unes avec les autres. Nous voulons en enregistrer une des dernières qu'on avait fait circuler. Croirait-on qu'avec les conditions de stabilité, d'indépendance et de force, propres au gouvernement tunisien, on l'accuse de vouloir se faire défendre dans la presse étrangère et de s'être concilié, au moyen de sacrifices énormes, la bienveillance d'un journal du continent? C'est là évidemment une calomnie gratuite. Le Gouvernement tunisien est trop expérimenté pour ne pas savoir qu'un journal qui se vend ne vaut pas la peine qu'on l'achète, et qu'un journal qui n'a pas, dans les principes qu'il défend, sa raison d'être, dans le parti qu'il représente les garanties de son indépendance matérielle, n'est qu'un cadavre qu'on chercherait à galvaniser.

Nous ne pouvons admettre qu'on s'adresse à l'Angleterre pour acheter un journal. Les sacrifices fabuleux qu'une pareille acquisition nécessiterait et l'état particulier de l'opinion rendraient la seule supposition d'une semblable transaction absurde. En France, nous ne voyons aucun journal en crédit qui ne trouve dans son parti de larges conditions d'indépendance et qui ne fût mis au ban de ce parti, s'il s'avisait de trafiquer de son opinion où de la plume de ses collaborateurs.

Le *Journal des Débats* compte l'aristocratique clientèle des frondeurs gourmets, des penseurs, des universitaires, d'un grand parti politique qui ne sait s'il est à la veille de s'en aller pour toujours ou de revenir une nouvelle et dernière fois sur la scène.

Le *Siècle* est l'organe du libéralisme vulgaire si commun en France; le *Temps*, des libres penseurs et des libéraux plus avancés et plus sûrs d'eux-mêmes que les abonnés du *Siècle*. L'*Opinion nationale* représente une

classe de sycophantes politiques, très-cu-
rieuse à observer.

La *Presse* s'éclaire des dernières lueurs
d'un écrivain qui ne pouvait avoir de succès
que dans un siècle où la confusion dans les
idées, rivalisant avec une certaine anarchie
dans les faits, permet la floraison du para-
doxe, de l'antithèse et des systèmes impro-
visés du jour au lendemain.

Le *Constitutionnel*, la *Patrie* et le *Pays*
vivent de la bienveillance d'une administration qui pourrait se passer d'eux en pratiquant au pied de la lettre ce qu'elle a si
souvent déclaré : que le *Moniteur* devait
être considéré comme le seul organe accré-
dité du Gouvernement.

Comme le nombre de ceux qui désirent
connaître la pensée du Gouvernement est
immense et qu'on croit la trouver dans ces
prétendus organes officieux, eux aussi comptent une clientèle des plus respectables et
qui leur permet de vivre indépendants

vis-à-vis de leurs abonnés, du moins.

Il y a bien la *France*, représentant un parti indéfinissable ; mais qui songerait à jeter dans la balance le poids d'un aussi mince crédit. A Dieu ne plaise que nous croyions à la possibilité de se concilier les bonnes grâces d'un journal qui n'a représenté jusqu'à ce jour que l'opinion personnelle de son directeur.

Quant à la *Gazette de France* et au *Monde*, ce sont de petits musées archéologiques richement dotés par les membres d'une petite église fervente dans sa foi et, il faut le dire, peu disposée à ouvrir son temple au culte des idées nouvelles.

Nous ne pensons pas que le Gouvernement tunisien ait pu songer à la presse allemande, placée par sa langue en dehors du mouvement européen. Il ne resterait donc que l'*Indépendance belge*, véritable mosaïque, constituant les archives du pour et du contre dans toutes les questions européennes:

exposant le fait brutal , ne se passion-
nant pour rien , et dont les petits cancans ,
les petites nouvelles ont fait largement la
fortune.

Nous avons beau chercher dans toute
l'Europe le bienheureux journal prétendu-
ment acquis par le Gouvernement tunisien ,
nous ne le découvrons pas.

L'exemple de la France ne serait-il pas
d'ailleurs suffisant pour décourager toute
tentative de ce genre? On a dit que le Gouvernement français s'était ménagé l'entrée
d'un organe de la presse anglaise , non dans
le but d'une propagande reconnue impossible , mais pour expliquer loyalement certains actes, placer dans leur vrai jour cer-
taines intentions que la presse anglaise
mettait un malin plaisir à dénaturer. Jamais
cet organe n'a pu ni prêter ni emprunter la
moindre autorité , soit à une explication
quelque loyale , soit à une rectification quelque juste qu'elle fût.

Dès qu'un journal est réputé *inspiré*, c'est une clameur de haro générale :

Hic niger est, hunc tu Romane caveto.

Si le Gouvernement tunisien voulait employer contre la calomnie une arme digne de sa force, il s'affirmerait lui-même par un organe avoué.

Pourquoi, malgré toutes les attaques dirigées contre la presse officielle dans tous pays, cette presse jouit-elle néanmoins d'un si grand crédit? Parce que tout le monde comprend que ces attaques sont le plus souvent injustes, attendu que l'opinion de tous est là pour contrôler les assertions de la presse officielle, qui se garderait bien d'avancer des faits que tout le monde saurait être faux.

Ainsi, le Gouvernement tunisien s'adresserait demain à l'Europe dans un organe officiel publié à Tunis, que l'opinion accorderait au langage de cet organe une grande

autorité , parce qu'elle se dirait que le
Gouvernement, en exprimant sa pensée,
a dû compter et avec l'opinion publique en
Tunisie et avec sa propre dignité, et n'a pu
par conséquent se laisser aller à de fausses
assertions.

Et, d'ailleurs, s'il est un Gouvernement
qui a le droit d'en appeler au jugement de
l'Europe, du monde, c'est bien le Gouvernement tunisien ; car on méconnaît envers
lui toutes les lois du bons sens, de la
logique , de la justice ; on lui fait des
affronts que dans la vie privée on chercherait à venger comme le dernier des
outrages.

En effet, le Gouvernement tunisien reçoit
chez lui, comme envoyés des diverses puissances, des consuls dont les pouvoirs et les
prérogatives font du corps consulaire à Tunis
un Etat dans l'Etat, si l'on en juge par la
complaisante énumération que M. le chevalier Charles Tulin fait de ces pouvoirs et de

ces prérogatives dans une brochure que nous avons déjà citée[1].

Et quelle est la conduite des puissances comme réciprocité de tant de concessions? Les représentants du Gouvernement tunisien à l'étranger sont à peine considérés comme agents officieux. Ils ne sont reconnus à aucun titre, tandis que les consuls européens tiennent le haut du pavé à Tunis, en vertu de traités *directs* avec un gouvernement auquel les puissances européennes ne contestent nullement le droit souverain de conclure ces mêmes traités! Mais on lui refuse de réclamer par des agents officiels contre les abus de pouvoir du corps consulaire, contre les infractions que ces abus pourraient constituer à l'égard des traités existants!

Mais les gouvernements européens ont

[1] *Le Royaume tunisien et les représentants des puissances étrangères à Tunis*, notice, par le chevalier Charles Tulin. — Bône, imprimerie Dagand, 1864.

une réponse toute prête pour justifier cette situation anormale, illogique au premier chef; et cette réponse est une question :

« Que dirait la Turquie? »

Ce qu'elle dirait?

Si la Turquie se trouvait gouvernée, durant un seul règne, par un homme de génie, elle secouerait le joug des protectorats multiples qui l'entravent, en même temps qu'elle chercherait à se ménager, parmi les grandes puissances, de bienveillants et sûrs alliés. Elle reconnaîtrait que la position secondaire où elle se trouve aujourd'hui provient de son étendue qui dépasse les bornes en dehors desquelles tout Etat doit nécessairement dépérir; parce qu'un gouvernement, quel qu'il soit, ne peut efficacement administrer qu'un certain nombre d'hommes, qu'une certaine étendue de pays.

Du moment où l'on admet que le but des sociétés politiques est d'être bien gouvernées, on doit reconnaître aussi qu'elles ne peuvent l'être dans un état trop vaste. Les provinces voisines du siége du gouvernement sont aussi les plus favorisées, les provinces au-delà le sont moins, et le reste est négligé, délaissé. N'ayant point de volonté à elles et attendant pour agir le mot d'ordre du centre, elles sont bientôt tourmentées du désir bien naturel de se soustraire à l'action froide d'un gouvernement lointain et de se créer un pouvoir détaché. Le gouvernement turc peut trouver dans sa propre histoire des preuves à l'appui de ces vérités.

On nous objectera l'Angleterre, qui vient à bout de maintenir sous le joug de sa politique ses immenses conquêtes de l'Inde. Nous ne voulons pas tenir compte des insurrections terribles qui viennent de temps à autre interrompre la quiétude du conquérant. Nous nous bornons à signaler que l'Angleterre emploie, à l'égard de ses possessions de l'Inde, un système que les Romains ont souvent appliqué et qui consistait à permettre aux provinces rangées sous leur domination de régir leurs affaires selon leurs lois et coutumes.

Un sultan, homme de génie, se contenterait de la Turquie d'Europe et d'une partie de la Turquie d'Asie, et il érigerait en royaumes indépendants la Syrie et la Palestine, ensuite l'Egypte, en donnant à ces pays, pour les gouverner et y perpétuer la monarchie héréditaire, des princes de sa maison.

Quant à Tripoli, ce sultan offrirait au Gouvernement tunisien de se l'annexer tout en reconnaissant l'entière indépendance du nouvel Etat.

Les trois royaumes indépendants viendraient en aide au chef des croyants par des subsides annuels à déterminer, et ils mettraient à sa disposition un certain nombre de soldats dans toutes les guerres où l'honneur et l'indépendance de l'empire ottoman seraient en jeu.

Le sultan a le rare privilége d'être le chef
suprême des croyants. Il partage ce privilége
avec le pape; mais, plus heureux que le
pape, son influence politique marche de pair
avec son influence religieuse, parce que chez
les peuples pieux et croyants de l'islam, la
religion est inséparable de la politique,
comme la politique l'est de la religion. Le
sultan ne devrait jamais craindre, quelle que
fût l'indépendance des nouveaux royaumes,
de se voir abandonné par eux ; car les peuples y pèseraient sur leurs gouvernements
pour les contraindre à marcher au secours
du chef des croyants.

Nous croyons pouvoir presque nous dis-
penser d'examiner quel serait le sentiment
de l'Europe sur d'aussi grandes mesures.

L'Europe a un ennemi commun contre lequel elle doit nuit et jour chercher à se pré-
munir : la Russie.

Une restauration durable de l'empire ottoman est assurément la mesure la plus effi-

cace que l'Europe puisse prendre pour tenir
en échec les projets de son plus mortel ennemi. Nous avons vu ce qu'il en a coûté
pour jeter deux cent mille hommes sur
les côtes de la mer Noire ; on a expérimenté le secours précieux des contingents
musulmans. Doublons, triplons la force de
la Turquie en la secondant, en l'excitant à
se régénérer, et jamais plus le colosse du
Nord ne nous prendra à l'improviste.

Supposons qu'un chemin de fer eût conduit de Saint-Pétersbourg ou de Moscou les
troupes russes à Sébastopol avant le débarquement des alliés. Français et Anglais
étaient-ils bien sûrs de ne pas être jetés à la
mer ? « Les distances nous tuent », s'écriait
Nicolas, en apprenant l'échec de ses troupes,
et il avait raison. Le chemin de fer n'était
pas entré dans les prévisions du despote.

Il n'est donc aucun Etat de l'Europe qui
ne doive voir avec satisfaction l'empire ottoman entrer dans la voie que nous venons

d'indiquer. La France, l'Angleterre, l'Autriche y sont toutes trois particulièrement in-
téressées.

La France surtout devrait voir avec satisfaction la Tunisie s'agrandir à côté de sa
possession africaine et rivaliser avec elle. En
effet, quel enseignement précieux que celui
d'un État travaillant parallèlement avec elle
au progrès des races musulmanes! On s'ins-
truira mutuellement, on échangera réciproquement les résultats de son expérience; on
se concertera sur une foule de mesures internationales qui assureront la bonne entente
politique entre deux États dont les intérêts,
loin d'avoir aucun point de divergence, n'ont
bien au contraire que des points de contact.

L'Angleterre, se plaçant au point de vue
des grands intérêts de la civilisation, ne
saurait, elle non plus, que se montrer entièrement favorable à l'agrandissement de la
Tunisie. Tout ce qui tend à entourer la
Méditerranée d'États réguliers, de gouver-

nements sages, d'administrations éclairées,
ne saurait être regardé que d'un œil propice
par l'Angleterre, de même que l'Autriche
avec sa naissante marine ne peut que désirer
de voir se former sur la côte africaine des
États dont les progrès offrent des garanties
nouvelles au commerce du port de Trieste.

Les souverains qui ont jadis étendu leur
sceptre sur Bougie pourraient bien l'étendre
sans inconvénient sur Tripoli. Cet agrandissement ne dépasserait nullement les bornes
dans lesquelles, ainsi que l'expérience l'a
démontré, l'action d'un gouvernement peut
s'exercer avec l'autorité et l'intensité nécessaires à la prospérité d'un pays.

Cet accroissement de territoire permet-
trait au Gouvernement tunisien d'entrer
largement dans la voie du progrès par l'établissement d'un chemin de fer qui traverse-
rait la Tunisie tout entière ; puis, longeant
la mer, irait rejoindre la seconde capitale
du nouveau royaume. En quinze heures le

souverain pourrait aller d'une capitale à
l'autre, et bientôt le besoin se ferait sentir
de continuer la voie ferrée le long des côtes
tripolitaines jusqu'à la frontière d'Egypte.

Les résultats d'un pareil ordre de choses
seraient incalculables. En cas de menace ou
de danger de la part de la Russie, des
forces françaises, jointes aux contingents
des Royaumes de Tunis et d'Egypte, seraient
en peu d'heures réunies à Alexandrie, prêtes
à voler au secours du chef des croyants. Là
doit tendre toute la politique de l'Europe,
comme du monde musulman, et lorsque
nous nous croirons en sûreté, en dehors des
garanties qu'offrirait une semblable politique, nous ressemblerons à des enfants
jouant avec insouciance sous les yeux d'une
bête fauve qui les guetterait pour les dé-
vorer.

En attendant cette destinée nouvelle où
elle aboutira sûrement, la Tunisie ne saurait
négliger le développement de ses ressources

intérieures. Il est une des conditions de ce développement dont elle devrait de préférence se préoccuper : celle d'attacher au sol les tribus nomades, du moins dans un rayon de quarante lieues autour de sa capitale. Elle trouverait dans cette nouvelle organisation des éléments précieux d'ordre, de sécurité, d'économie.

D'ordre, parce que l'homme qui possède le sol arrosé de la sueur de son front redoute l'anarchie, le tumulte, la révolte, sans toutefois que son patriotisme en souffre. Propriétaire du sol qu'elle cultive, la tribu ne songerait jamais à se soustraire par la migration hors des frontières aux impôts de l'Etat ; de même qu'en cas d'attaque du dehors, on la trouverait mille fois plus ardente à défendre le foyer qui lui appartient.

De sécurité, parce que l'homme des champs s'opposerait à toute tentative de désordre qui lui ferait perdre le fruit de ses labeurs.

D'économie, parce que l'on pourrait renoncer sur une grande partie du territoire au mode onéreux de percevoir les contributions en usage aujourd'hui.

La Tunisie est depuis longtemps tributaire à l'industrie et au commerce des Etats voisins pour des sommes énormes, et il y là pour sa prospérité et même jusqu'à un certain point pour son indépendance un danger qu'il lui serait facile de conjurer, en appelant à elle *dans une certaine mesure* l'élément européen.

Mais l'élément que nous voudrions voir s'introduire dans le nouvel Etat n'est pas cet élément malsain, composé d'aventuriers de toute espèce qui, attirés par les besoins nouveaux qu'engendrent les réformes, viennent chercher à exploiter, à tromper, à piller une administration que sa loyauté ne livre que trop souvent désarmée aux embûches des fripons.

Nous voudrions que la Tunisie fît d'abord

connaître à l'Europe les ressources de son
admirable climat, ignorées jusqu'à ce jour.
Ainsi combien y a-t-il parmi nous qui sachent
qu'aux portes de Tunis se trouve le paradis
des poitrinaires ; qu'une foule de malades
réputés incurables y ont retrouvé la santé et
la vie? Que d'heureux de la fortune on pourrait inviter à juger par eux-mêmes des
bienfaits d'un gouvernement si indignement
calomnié, de la sagesse d'une administration si souvent méconnue! Ces hommes-là
s'en retourneraient dans leurs foyers pleins
de reconnaissance pour un pays où ils auraient recouvré la santé, où ils auraient vécu
libres et tranquilles sous le plus paternel des
gouvernements.

Ensuite le Gouvernement tunisien pourrait examiner s'il n'y aurait pas lieu d'attirer
à lui, avec grand profit pour ses ressources
comme pour le développement de la prospérité nationale, une partie de l'émigration
allemande.

En Amérique, on considère aujourd'hui, depuis les dernières guerres surtout, cette émigration comme le plus grand bienfait que la Providence eût pu accorder au Nouveau-Monde.

Ce n'est pas sans raison. Partout où l'émigration allemande s'est fixée, des contrées incultes se sont transformées en de magnifiques jardins, l'industrie y a fleuri aussitôt et les émigrants se sont partout montrés animés d'un amour ardent pour leur patrie d'adoption. Les meilleures troupes des Etats-Unis, durant les dernières guerres, se composaient d'Allemands.

L'expérience a donc parlé aujourd'hui et a réfuté même l'objection que l'émigrant germain s'abâtardit dans les climats chauds. Les colonies allemandes de l'Amérique du sud et celles du Brésil sont là pour combattre et détruire une assertion aussi hasardée.

Si l'émigration allemande n'a pas réussi en Algérie, la faute n'en est pas aux Alle-

mands ; mais à l'administration française,
qui n'a pas su tenir compte du caractère
propre aux nouveaux arrivants.

Ce serait tout autrement en Tunisie. Sous
un gouvernement aussi libéral, aussi disposé
à laisser chacun faire son bonheur à sa manière, nul doute que l'émigration ne créât
rapidement des merveilles, ne profitât au
gouvernement comme aux colons.

A quelques lieues de Tunis, il existe une
petite ville (Mahmdia), aujourd'hui aban-
donnée, qui nous paraît admirablement si-
tuée pour recevoir une colonie allemande,
tant industrielle qu'agricole. Dans la ville
s'établiraient des industries qui affranchi-
raient bientôt la patrie adoptive des colons
du lourd tribut qu'elle paie à l'étranger. En
concédant aux colons, à des prix raisonna-
bles et à perpétuité des terrains situés à
proximité de la ville, on y verrait bientôt
fleurir une agriculture modèle, pratiquant
les meilleures méthodes de culture en usage

en Europe et servant, par la quantité et la beauté de ses produits, d'exemple et de stimulant aux indigènes.

On nous objectera, il est vrai, un paragraphe du Pacte fondamental où il est dit :

(Article 113). L'article « du Pacte fondamental avait accordé aux sujets étrangers la faculté de posséder des biens immeubles, à des conditions à établir; mais, quoique tout ce qui résulte du Pacte fondamental soit obligatoire, néanmoins, en considérant l'état de l'intérieur du pays, il a été reconnu impossible d'autoriser les sujets étrangers à y posséder, par crainte des conséquences. Ainsi, une loi spéciale désignera les localités de la capitale et de ses environs où les étrangers pourront posséder. Il est bien entendu que les sujets étrangers qui posséderont dans les localités désignées seront soumis aux lois établies ou à établir par la suite à l'égard des sujets tunisiens. »

Nous voulons admettre que la ville dont

nous avons parlé se trouve placée dans les conditions voulues pour que les étrangers puissent y posséder.

Mais cela ne nous suffit pas.

Le moment est venu d'aborder une question à laquelle nous avons fait allusion au commencement de cet écrit, lorsque nous disions que toute haine entre Européens et musulmans devait cesser, attendu que nous nous rapprochons beaucoup plus tous les jours des musulmans, sous le rapport des idées religieuses, qu'ils ne se sont jusqu'à présent éloignés de nous.

C'est dans le protestantisme que s'est d'abord manifesté ce rapprochement. La grande divergence entre musulmans et chrétiens est indiquée de la manière la plus péremptoire dans le Coran, chapitre XIX, où nous trouvons les versets suivants :

« 91. Ils disent (les chrétiens) : le Miséricordieux a des enfants. Vous venez de proférer là une énormité.

» 92. Peu s'en faut que les cieux ne se fendent à ces mots, que la terre ne s'entr'ouvre et que les montagnes ne s'écroulent.

» 93. De ce qu'ils attribuent un fils au Miséricordieux. Il ne lui sied pas d'avoir un fils.

» 94. Tout ce qui existe dans les cieux et sur la terre est serviteur du Miséricordieux. »

Le Prophète avait déjà dit au chapitre IX, verset 30 :

« Les chrétiens prétendent que le Messie est fils de Dieu. Telles sont les paroles de leurs bouches, ils ressemblent en les disant autrefois : que Dieu les combatte. Qu'ils sont menteurs ! »

Et verset 31 :

« Ils ont pris leurs docteurs et leurs moines, et le Messie, fils de Marie, plutôt que Dieu, pour leurs seigneurs ; et cependant il ne leur a été ordonné que d'adorer un seul Dieu, hormis lequel il n'y a point d'autre Dieu. »

Il s'est fait, nous le répétons, dans le sein du protestantisme, en Allemagne et en Angleterre, un mouvement philosophique et religieux qui met un terme à la divergence capitale entre le mahométisme et le christianisme sur les attributs du Christ.

Avant que le docteur Strauss n'eût publié la vie de Jésus, un grand nombre de théologiens allemands avaient déjà enseigné qu'il ne fallait accorder au Christ que le caractère de Prophète. Le docteur Strauss vint réunir en un corps de doctrine tout ce qui avait été dit avant lui, en y ajoutant les résultats de ses propres recherches sur la vie du Christ. La publication de ce livre produisit en Allemagne une sensation immense, et lorsqu'on le traduisit en français, les théologiens de ce côté du Rhin s'en montrèrent profondément ému.

Le *Journal des Débats* se faisant le champion de la libre discussion dans cette circonstance déclara que le seul moyen de mettre à néant le livre du docteur Strauss, c'était de le combattre avec les armes de la science et du savoir, et de prouver par des arguments plus forts que les siens, empruntés aux mêmes sources, que le docteur Strauss s'était trompé.

Non-seulement le livre du savant allemand ne fut pas réfuté, mais il provoqua une foule d'ouvrages qui firent école; et aujourd'hui, en Allemagne, même dans les écoles, on écarte dans l'enseignement religieux la doctrine de la divinité du Christ auquel on ne reconnaît plus que le caractère de Prophète. On peut porter hardiment à quinze millions, en Allemagne, le nombre de protestants qui professent les opinions du docteur Strauss. L'Angleterre doit compter cinq millions de protestants qui se rangent aux mêmes idées, et le nombre des adhérents aux nouvelles doctrines relativement à la divinité du Christ, en Amérique, grossit tous les jours.

Le mouvement dans le monde catholique n'est pas moins remarquable. La publication de la *Vie de Jésus*, par M. Renan, est un fait de la plus haute portée. Les Allemands eussent voulu un livre plus sérieux, plus savant; mais un livre comme celui de M. Renan est mieux adapté aux exigences de l'esprit français, car tandis que la traduction du livre de M. Strauss n'a fait qu'un petit nombre d'adeptes dans le monde savant, le livre de l'écrivain français a recruté des adhérents par cent mille parmi les gens du monde aux idées du protestantisme moderne, et jeté un pont sur l'abîme entre le christianisme et l'islamisme, abîme que le temps finira par combler.

Il n'est pas rare de voir des villages allemands entiers émigrer aux Etats-Unis. Il serait facile, au moyen des conditions qu'un gouvernement aussi libéral que celui de Tunis ne manquerait pas de faire, de provoquer l'émigration vers la Tunisie par villages, et de favoriser surtout l'immigration de villages protestants.

Nous avons enregistré avec une vive satisfaction le passage du paragraphe 113 du Pacte fondamental, où il est dit :

« Il est bien entendu que les sujets étrangers qui possèderont dans les localités désignées seront soumis aux lois établies ou à établir par la suite à l'égard des sujets tunisiens. »

Malgré la suspension du Pacte fondamental, nous verrions avec peine le Gouvernement de S. M. Mohammed Essadak se départir de cette sage prescription. Si le gouvernement croit devoir favoriser l'immigration allemande, que son œuvre s'accomplisse en dehors de toute immixtion des consuls ; que le Gouvernement tunisien fasse les conditions les plus larges aux nouveaux arrivants de nation allemande ; qu'il donne même une charte aux colons, mais qu'il sauvegarde et maintienne dans cette circonstance ses droits absolus, souverains !

Qu'il habitue les Européens à contribuer dans une mesure équitable aux charges de l'Etat qui lui accorde sa protection !

Qu'il établisse des tribunaux dont les membres seraient nommés par les colons, sous la ratification du Gouvernement ; mais qu'il n'admette pas pour ses protégés la juridiction consulaire. Qu'il habitue les Européens à se voir aussi efficacement protégés, dans la sécurité de leurs personnes et de leurs biens, par la sagesse du gouvernement de S. M. tunisienne, que par les capitulations et par les agents chargés d'en maintenir l'exécution.

Nous nous sommes permis d'indiquer quelques mesures qui nous semblaient propres à donner un nouvel essor au mouvement progressif dont il serait absurde de vouloir méconnaître l'existence et l'action salutaire en Tunisie.

Il nous tarde de signaler un danger qui

menace la Tunisie en commun avec tous les
Etats musulmans, avec tous les Etats de
l'Europe, et qui est bien plus grave encore
que l'ingérence des agents étrangers dans
les affaires du royaume :

L'accroissement d'influence des Juifs.

Il serait souverainement injuste de vouloir
mettre au ban de la société politique tout un
peuple, tout une race. Mais les Juifs ne sont
pas un peuple, et, s'ils se distinguent comme
race des autres habitants du globe, c'est
plutôt par leurs vices ; car les Juifs ne possèdent aucune de ces qualités, aucune de
ces vertus particulières aux autres nations.

Partout où ils se trouvent, chez les musulmans comme chez les chrétiens, ils for-
ment dans l'Etat une société à part, hostile
à tout ce qui n'est pas eux. Et entre eux ils
se jalousent, mais comme les larrons de
Pise ; ils se disputent de jour, pour être
d'accord la nuit.

Dédaignant l'industrie, ils vivent des

malheurs ou des embarras publics et privés.
Jamais, dans les moments difficiles, on ne
les rencontrera parmi les défenseurs du pays
qu'ils exploitent, dont ils attirent à eux les
richesses, dont ils tarissent souvent les ressources.

Ils ont voué aux sociétés chrétiennes et
musulmanes une haine dont celles-ci n'ap-
précient ni la portée ni les suites.

Et ces hommes, qui n'ont aucune des
vertus, aucune des qualités indispensables
à la fondation comme au maintien des
Empires, rêvent la reconstitution de leur
nationalité.

Il faut regretter que leur rêve ne puisse
se réaliser. Ce serait une société curieuse à
observer qu'un royaume juif, dont les habitants pratiqueraient les uns sur les autres
toutes les ruses, toutes les manœuvres,
toutes les intrigues au moyen desquelles ils
exploitent aujourd'hui chrétiens et musulmans.

A côté de leur rêve d'un royaume juif vient se placer leur attente d'un Messie. Comme si les Rothschild, les Montefiore et tant d'autres ne leur laissaient pas l'embarras du choix !

Ils veulent encore reconstruire le temple de Jérusalem ! Qu'ils se contentent des temples qu'on leur a dressé dans toutes les capitales du monde et qu'on appelle les palais de la Bourse.

Les Juifs ont été d'abord le fléau de la Pologne, ensuite de l'Allemagne. Ils menacent aujourd'hui tous les pays.

En Allemagne, ils ont pour système d'aller habiter successivement les maisons neuves, qu'ils emplissent de vermine, et ils en font des Etats comme des maisons neuves.

Nous disions qu'ils ne pratiquent pas l'industrie. Nous nous trompions. Ils achètent à vil prix les étoffes provenant de faillites ; puis ils profitent des crises pour faire confectionner à vil prix avec ces marchandises des vêtements de tout genre. Après avoir profité du malheur d'autrui, ils exploitent la misère de l'ouvrier, ils font baisser facticement les prix, ravalent la main-d'œuvre, et ils trônent là ou règne le malaise, le désespoir et la faim.

On avait cru que leur émancipation leur créerait d'autres mœurs, d'autres habitudes. On n'a qu'à examiner ce que leur ont profité quatre-vingts ans d'émancipation dans certains Etats d'Europe, où ils n'ont usé de leur assimilation avec les chrétiens que pour mieux les exploiter.

Aussi l'animadversion qu'ils inspirent est universelle. Dans un pays, réputé par ses douces mœurs, ses sentiments humains, le premier acte du peuple à la nouvelle de la révolution de février, fut de saccager et de brûler les maisons des Juifs, et, dans plusieurs villes, on les rechercha avec l'intention d'en faire un auto-da-fé.

En Allemagne, ils avaient eu l'audace de se mêler partout au mouvement révolution-naire, ce qui leur était d'autant plus facile qu'ils s'étaient depuis des années introduits dans la presse, dont ils ont entièrement modifié les allures, compromis la dignité.

Ce sont eux qui ont mis à l'ordre du jour l'abolition des lois relatives à l'intérêt légal de l'argent.

Comme si l'argent n'était pas une mar-chandise privilégiée par excellence, qui met toutes choses à la disposition de celui qui la possède. Or, comme les Juifs se sont rendus maîtres du marché de l'argent, ils sont tou-jours sûrs de recevoir de cette marchandise privilégiée tel intérêt qu'il leur conviendra de fixer, et il est évident que l'abolition de ces lois ne ferait nullement baisser le taux des métaux monnayés; mais l'impunité de l'usure serait désormais assurée, et les Juifs deviendraient bientôt les maîtres du monde.

Ils se gèrent déjà comme tels, et leur

arrogance ne connaît plus de bornes. Ces messieurs du turban bleu se conduisent dans les Etats musulmans comme en pays conquis, et ils ne craignent pas de s'en vanter.

Depuis quelques années ils ont cherché à se glisser dans les carrières où l'on capte le plus facilement la confiance des familles, celles d'avocat et de médecin. Médecins, ils se plaisent à vanter leurs arcanes. Regardez de près et vous verrez qu'ils font toujours un second métier dans les maisons où leur premier métier les a introduits. Ils imitent tous leur confrère de Londres auquel un officier avait donné son cheval à garder. Le brave Juif louait le cheval un sou aux enfants qui voulaient le monter pour une promenade d'un bout de la rue à l'autre.

Tous ainsi prennent des deux mains.

Leur arrogance n'a d'égale que leur vanité. L'Allemand Rothschild a voulu la noblesse, et il s'est trouvé un Empire besogneux qui a consenti à souiller son livre d'or en y ins-

crivant le nom d'un Juif, au grand scandale
de l'Allemagne. On les décore aujourd'hui,
ces hommes dont les fières races arabes
d'Algérie ont vu l'émancipation avec horreur.
Les Hadjoutes, entre autres, mentionnaient
cette émancipation comme le principal grief
qui les avait armés contre la France lors de
la conquête.

L'Angleterre sentira un jour tout le poids
de la faute qu'elle a commise en ouvrant
aux Juifs la porte du parlement.

L'Allemagne est gangrenée jusqu'au cœur
de la lèpre israélite; d'autres pays encore
en sont profondément atteints.

Autrefois, le Juif thésaurisait; la débau-
che lui était inconnue. Aujourd'hui, la
jeunesse dorée israélite épouvante les capitales de l'Europe de ses cyniques déborde-
ments. Peu scrupuleux sur le moyen de
l'acquérir, le Juif n'estime que l'or, et il
croit qu'une clef d'or doit lui ouvrir
toutes les portes : celle de l'honneur,

celle des honneurs, celle de la gloire même.

Comme nous ne voyons nul remède au mal dans les lois trop tolérantes de l'Europe, nous n'espérons plus que dans le monde musulman pour l'extirper. Ce serait un grand exemple pour la société que de voir les princes musulmans attaquer le mal à la racine par des mesures énergiques; qu'à chaque pas qu'il fait dans l'usure, dans la rapine, dans les manœuvres frauduleuses au moyen desquelles il exploite les Etats comme les particuliers, le Juif trouve une loi inexorable, terrible pour le frapper. Que la magistrature s'inspire de la pensée du législateur, et qu'elle applique cette loi sans ménagement, sans faiblesse; que les biens mal acquis, arrachés aux coupables, soient employés à la fondation d'écoles et d'hôpitaux.

Il est à déplorer que les gouvernements de l'Islam, aussi imprévoyants sous ce rapport que plusieurs gouvernements européens,

n'aient pas craint d'admettre des Juifs dans
les administrations publiques et jusque dans
les ministères.

Or, il est des qualités essentiellement nécessaires aux fonctionnaires publics, des
qualités que la race juive n'a jamais possé-
dées. Le Juif est rampant envers le fort,
arrogant envers le faible, deux vices également blâmables dans le fonctionnaire public.
Bouffi d'orgueil aussitôt qu'on l'élève au-
dessus de ceux dont il était alors dédaigné,
on est certain qu'il se laissera aller aux plus
déplorables abus de pouvoirs dans la charge
qu'il occupe. Le Juif est incapable de garder
un secret. Pour paraître important, il fera
bon marché de celui de l'Etat; et il est trop
vantard pour ne pas céder à cette faiblesse
lorsqu'il s'agirait de se taire. Le Juif est
d'ailleurs paresseux, brouillon, sans ordre
dans les affaires. On n'a qu'à entrer dans les
bureaux d'un fonctionnaire juif pour y re-
trouver l'image de son intérieur : le désordre,

la malpropreté, l'absence de tout ce qui reflète au dehors ce respect que l'homme qui commande à ses semblables ou qui les administre doit à sa dignité.

Il est superflu de dire que le Juif est généralement un fonctionnaire infidèle; il aime beaucoup à considérer comme sien le dépôt sacré qu'il gère avec la confiance de l'Etat.

Donnez le portefeuille des finances à un Juif, et bientôt un courant électrique s'établira entre la Bourse et le cabinet du ministre, qui se croira chez lui là où il siége au nom de l'Etat et où il est criminel de l'oublier.

Nous avons cru devoir longuement insister sur les dangers de cette lèpre qui ronge les Etats musulmans. Si les gouvernements de l'islam pouvaient manquer de lumières à cet égard, l'Allemagne et d'autres pays encore leur fourniraient de funestes exemples du danger d'employer des Juifs dans les administrations publiques, dans les ministères surtout, ces messieurs du turban bleu étant

toujours disposés, à l'imitation de leur confrère de Londres cité plus haut, à louer le
cheval de l'Etat, quelquefois même à le
vendre.

On aurait pu construire une grande flotte,
équiper une puissante armée avec les sommes volées au trésor des Etats musulmans
et emportées par des Juifs en Europe, où
ils jouissent paisiblement du fruit de leurs
rapines.

La Tunisie pour sa part en sait quelque
chose.

————

Sorti du tourbillon européen pour visiter
une seconde fois cette société musulmane
qui ne cesse jamais d'exercer un charme
secret sur ceux qui en ont subi une première
fois l'influence, nous avons dans la vie con-
templative qui lui est propre, considéré
l'état de l'ancien monde, et nous avons écrit
ces pages.

On a besoin, en effet, de l'isoler aujour-
d'hui dans le calme et le silence, soit pour
rechercher la vérité, soit pour l'exposer.
Pour la rechercher, parce qu'au milieu de
l'anarchie actuelle de l'Europe, ce qui est
vérité en apparence dans un lieu devient
erreur manifeste à deux pas de là. C'est
l'affaire d'un tour de roue de locomotive.
Et puis, de notre temps, Boileau ne pourrait plus rendre publiques en Europe ces
satires où nous trouvons le plus fidèle tableau
de son époque ; il ne pourrait plus impuné-
ment appeler « un chat un chat, et Rolet
un fripon. »

Nous sommes devenus mous, énervés, à
force d'indulgence ; nous sommes absurdes
ou aveugles dans nos ménagements. Ce n'est
plus la miséricorde, c'est l'impunité que
nous accordons à tout péché.

Aussi, quel spectacle nous présente l'Europe ?

L'Angleterre s'affaissant sur elle-même,

malgré l'accroissement incessant de son empire. Les questions intérieures y forçant de
tout petits hommes d'Etat à des veilles sui-
vies d'insomnies causées par les affaires intérieures. Les emplois livrés aux hasards ou
aux caprices du népotisme ; la médiocrité
s'étalant partout, lorsque la situation du
royaume réclamerait impérieusement des
hommes de génie ; les partis dissous ou dé-
sorganisés et la nation entière en travail
d'enfantement. Les questions sociales plus
menaçantes que les questions politiques, et
les hommes d'état, les philosophes, les écri-
vains réduits aux expédients devant les unes
et les autres.

La France, avec une situation plus nette
pourtant, aussi embarrassée que l'Angleterre
par les questions les plus compliquées à l'intérieur et non moins par celles qu'elle a
abordées au dehors, sans avoir pu encore
en résoudre aucune.

L'empire germain tiraillé en sens divers

par l'ambition de deux dynasties qui s'y disputent l'hégémonie, et ce grand Etat où se
trouvent les plus illustres penseurs, les plus
grands philosophes, les plus célèbres histo-
riens, assistant impassible à cette intermi-
nable comédie des Duchés, dont l'Europe a
renoncé à deviner l'intrigue.

L'Espagne, tourmentée par le libéralisme
vulgaire d'une part et la réaction de l'autre,
avec une femme ordinaire sur le trône lorsque la situation de la Péninsule réclamerait
le gouvernement d'un grand prince.

Le Portugal végétant dans sa nullité, en
attendant le sort que l'Espagne lui réserve
inévitablement.

La Belgique, subissant de plus en plus
les suites de la révolte de 1830. A la merci
de deux puissants voisins, elle croit se mettre à l'abri en disposant un port pour la
flotte du troisième. Unie à la Hollande, elle
eût rendu ses plus puissants voisins jaloux
de son alliance ; aujourd'hui, chacun la con-

sidère d'avance comme un enjeu réservé à la première grande partie qui se jouera sur le sanglant damier de l'Europe.

La Hollande seule, développant dans le calme ses précieuses ressources, à l'ombre d'un gouvernement éclairé, accumule pour les mauvais jours l'immense réserve que lui procure ses colonies, les plus belles et les mieux administrées du monde.

Le Danemark, après avoir vécu longtemps dans une situation analogue à celle de la Hollande, vient de s'incliner devant le droit du plus fort, dans une lutte où ses antiques alliés se repentiront un jour de l'avoir abandonné.

La Suède a laissé échapper une occasion unique de se relever du long abaissement, du long vasselage que lui a imposé la Russie. Elle a reculé. Si jamais elle retrouvait sans en profiter une pareille occasion, la Suède disparaîtrait de la carte de l'Europe pour partager le sort de la Pologne.

La Grèce, tourmentée d'un besoin secret d'agrandissement qui ne tournera pas, nous le craignons bien, à son profit, réagit contre la forme de gouvernement que l'Europe lui a imposée et qui répugne à toutes ses traditions, comme elle n'a aucun point de contact avec ses mœurs et ses habitudes.

Nous voyons l'Italie enfin, éprouvant tous les embarras d'une situation factice, d'un affranchissement imprévu, de révolutions ressemblant à des coups de théâtre; avec un ennemi mortel sur sa frontière, un ennemi plus dangereux encore au sein de sa nouvelle organisation, qu'il désunit, qu'il tient sans cesse en échec. Se méfiant et doutant de la France, qui l'a délivrée de l'Autriche sans l'affranchir de Rome, l'Italie tourne les yeux vers l'Angleterre dont elle n'a rien à attendre, et elle se prête aux cajoleries de la Russie qui l'a secrètement en horreur, comme état révolutionnaire, tout en feignant de se rapprocher d'elle, en haine de l'Autriche d'abord, ensuite pour contrebalancer l'influence anglaise dans la Méditerranée où le czar a besoin de chercher des points d'appui contre les nouvelles croisades de l'Occident.

Et sur tous ces Etats, champions et représentants de ce qu'il est convenu d'appeler notre civilisation, plane le sombre fantôme russe, opposant à tous les symptômes de dissolution qui se manifestent dans notre société une organisation jeune, pleine de sève et de force ; opposant à notre anarchie dans les idées comme dans les faits une seule idée : celle de la domination universelle des Russes, un seul fait : l'omnipotence du czar-dieu, comme les Russes n'ont pas craint d'appeler leur maître.

On croyait le grand corps russe atteint par la guerre de Crimée, qui nous a coûté des années de nos épargnes, des hommes par cent mille, les meilleurs soldats de l'Occident. La Russie ne s'est pas plus ressentie de l'égratignure de Sébastopol que Gulliver des flèches des habitants de Lilliput. Au couronnement de Moscou, les ambassadeurs des puissances ont pu voir réunie, comme un défi jeté à l'Europe, une armée de deux cent cinquante mille hommes, la plus belle et la plus fière qu'on eût jamais vue.

C'est la Russie qui a conduit l'Europe à brûler la flotte turque, c'est la Russie qui a pu écraser, annihiler la Pologne, pendant que les puissances de l'Occident demeuraient spectatrices du massacre, et que Rome elle-même, si âpre ailleurs, se contentait d'une philippique anodine à l'adresse du czar.

En Allemagne, les Romanow ont placé dans la plupart des cours des princesses de leur maison pour servir d'avant-garde et d'appui à leurs projets politiques, et ce sont des publicistes soldés par la Russie qui ont endormi l'Allemagne pendant la guerre de Crimée, dont l'historien gallophobe Menzel lui-même disait que la Germanie eût dû en profiter pour se jeter avec l'Occident sur la Russie et la refouler pour des siècles.

Aujourd'hui la Russie est plus forte que jamais ; forte de notre faiblesse, forte de nos embarras intérieurs, de nos complications internationales, forte de nous voir absorbés par des questions qui lui sont encore entièrement étrangères, dont elle n'aura peut-être jamais à se préoccuper.

Aucun des Etats de l'Europe ne sait ni ce qu'il veut, ni où il va. Aujourd'hui nous voyons un gouvernement marcher dans la direction de gauche ; nous sommes tout étonnés demain de le trouver marchant tête perdue à droite. Nous nous contenterons de citer l'Italie.

La Russie ne connaît qu'une route : droit devant elle, et rien ne saurait l'en détourner. Elle marche droit sur le Rhin[1], car la

(1) Au moment de corriger cette épreuve, les journaux d'Europe nous apportent la nouvelle de l'acte d'iniquité par lequel les deux puissances allemandes ont mis pro-

Pologne est à bas, et l'Allemagne est à ses pieds ; car l'Autriche a eu besoin des armées

visoirement fin à la comédie des duchés. La Russie se tenait évidemment dans les coulisses.

Ce dénoûment inspire au journal le *Temps* les réflexions suivantes :

« L'esprit public en Europe est tombé bien bas pour ne pas s'émouvoir des procédés de la Prusse et de l'Autriche dans l'affaire des duchés ; la France surtout doit être douleureusement froissée, après avoir sacrifié le Danemarck au principe des nationalités ; elle voit ce principe outragé par ceux qui l'ont invoqué. La population du Lauenbourg est vendue comme du bétail. La Prusse et l'Autriche doivent cependant comprendre que si leur politique devient la politique générale de l'Europe, elles sont exposées à recevoir plus de coups qu'elles n'en distribueront.

» *Elles encourraient l'accusation de démence si elles n'avaient pas rétabli leur ancienne alliance avec la Russie ;* en attendant, une chose est claire, l'état de l'Europe est obscur et précaire, il n'existe plus de droit public, il n'y a plus que des questions de ruse, de force, de convenance et d'opportunité. »

Nous ne pensions pas que les évènements viendraient de si tôt réaliser nos prévisions. L'Autriche et la Prusse n'ont pu avec tant d'ostentation jeter le gant à la France, sans s'être assurées du concours de la Russie.

russes pour faire la police chez elle. Le czar est à Berlin aussi maître que chez lui, et vingt maisons princières allemandes touchent de Saint-Pétersbourg des subsides sous forme d'apanage pour des princesses russes établies sur de petits trônes allemands.

La Russie marche droit sur Constantinople. Aussi imprudent que Midas, le czar Nicolas a confié son secret à ce roseau diplomatique appelé lord Seymour, et le sifflement du roseau est devenu bourrasque, et le secret des Romanow a cessé d'en être un pour le monde.

Entrer triomphateur à Constantinople comme czar-dieu de tous les Russes, et ne pas revendiquer tout ce qui a constitué l'empire ottoman, ce serait oublier que Stamboul n'est pour la Russie qu'une étape vers l'Inde; ce serait oublier que, sans l'Egypte, on ne saurait faire pénétrer les armées russes au cœur des possessions anglaises.

Quant à la Tunisie, il faudrait en prendre

possession pour menacer la France dans ses possessions africaines comme on la menace depuis trente ans sur le Rhin.

Et le monde musulman sommeillerait dans une douce quiétude! Et il fermerait les yeux sur le honteux vasselage qu'on lui prépare, et il imiterait l'insouciance, la folie, la démence de l'Europe!

Il n'en saurait être, il n'en sera pas ainsi. Que les princes de l'islam fassent honte à l'Europe de son inertie! Qu'ils se préparent à braver la tempête qui les menace, et en développant leurs ressources intérieures et en créant des forces militaires à la hauteur du danger futur! Qu'ils ne comptent que sur eux-mêmes et qu'ils considèrent les alliances du dehors non comme le nécessaire, l'indispensable, mais comme le superflu!

Les États musulmans se trouvent dans cette situation incomparable de n'avoir à l'intérieur aucun embarras qui puisse les détourner du soin de leur conservation vis-à-

vis du dehors. Tous les musulmans sont animés d'une seule et même pensée, la conservation de leur foi, et cette foi n'a pas d'ennemi plus acharné, plus mortel que la Russie. La haine de la Russie contre les croyants
est mille fois plus implacable que sa haine
contre les peuples de l'Occident. Que les fils
de l'islam n'espèrent des Russes ni trêve, ni
répit ! Le Russe absorbe ou s'assimile ce qui
n'est pas lui, et il détruit ce qu'il ne peut ni
absorber, ni s'assimiler. Aussi le Russe ab-
sorbera, s'assimilera les croyants en les forçant à renoncer à la foi de leurs pères, ou il
les exterminera.

En Europe, on a bien autre chose à faire
que de se préoccuper de la Russie ! Il y a la
bourse, il y a les spectacles, il y a les cour-
ses aux chevaux, il y a les hétaires ! Mais
dans le monde musulman la pensée se dé-
gage de ces tristes préoccupations pour se
fixer sur les grands intérêts de la foi, de
l'indépendance nationale.

Eh ! quoi ! l'Arabe du désert veille sur la
pureté de race de son coursier, il se préoc-
cupe de sa généalogie, et le musulman verrait, sans mourir de honte, le sang du stu-
pide Cosaque, du Hun barbare se mêler au
noble sang des élus du Prophète !

Jamais ce jour néfaste ne se lèvera sur
l'islamisme ! et ce sera le plus petit parmi les
Etats soumis à la loi du Prophète qui don-
nera l'exemple de la résistance ? Ce sera la
Tunisie qui entrera dans une voie où les bénédictions des fils du Prophète l'encourage-
ront à persévérer, et où l'admiration de l'Europe, revenue à elle, ne tardera pas à la
suivre.

Car l'Europe pourrait-elle demeurer aveu-
gle plus longtemps après cette monstrueuse
convention de Salzbourg, dont la nouvelle
nous arrivait pendant que nous relisions
les pages où nous signalions la marche lente,
mais assurée de la Russie vers le Rhin ?

La Russie est aujourd'hui en état et en

mesure de marcher sur Constantinople au premier bouleversement de l'ordre politique ou social en Europe. Ce ne sera pas l'Allemagne qui l'arrêtera ; l'Allemagne est rivée à la politique du czar ; et quant à l'Angleterre, la guerre de Crimée a prouvé combien ses ressources étaient limitées lorsqu'il s'agissait d'une vaste expédition par terre et par mer. Ses flottes n'ont rien pu contre Sébastopol, rien contre Cronstadt ; et, sans les troupes françaises, pas un soldat de son armée ne revoyait la patrie.

Il ne reste pour sauver le monde du vasselage russe que l'empire musulman.

Ce n'est pas demain ni après-demain qu'il faut veiller et se préparer à la lutte suprême ! c'est aujourd'hui. C'est aujourd'hui qu'il faut faire retentir l'appel aux fils de l'islam contre le barbare du Nord, depuis le plus humble gourbi des champs jusqu'aux lambris dorés du sérail ; et cet appel sera entendu.

Les derniers évènements ont donné à la voix du Gouvernement tunisien une grande influence, une grande autorité, et il n'aura qu'à s'en servir pour se faire entendre, et le nom de Mohammed Essadak sera glorieux à travers les siècles par les deux actes les plus propres à illustrer le règne d'un prince ; car il aura tenté la régénération de son peuple, et concouru à préserver la terre sacrée de l'islam de l'invasion étrangère !

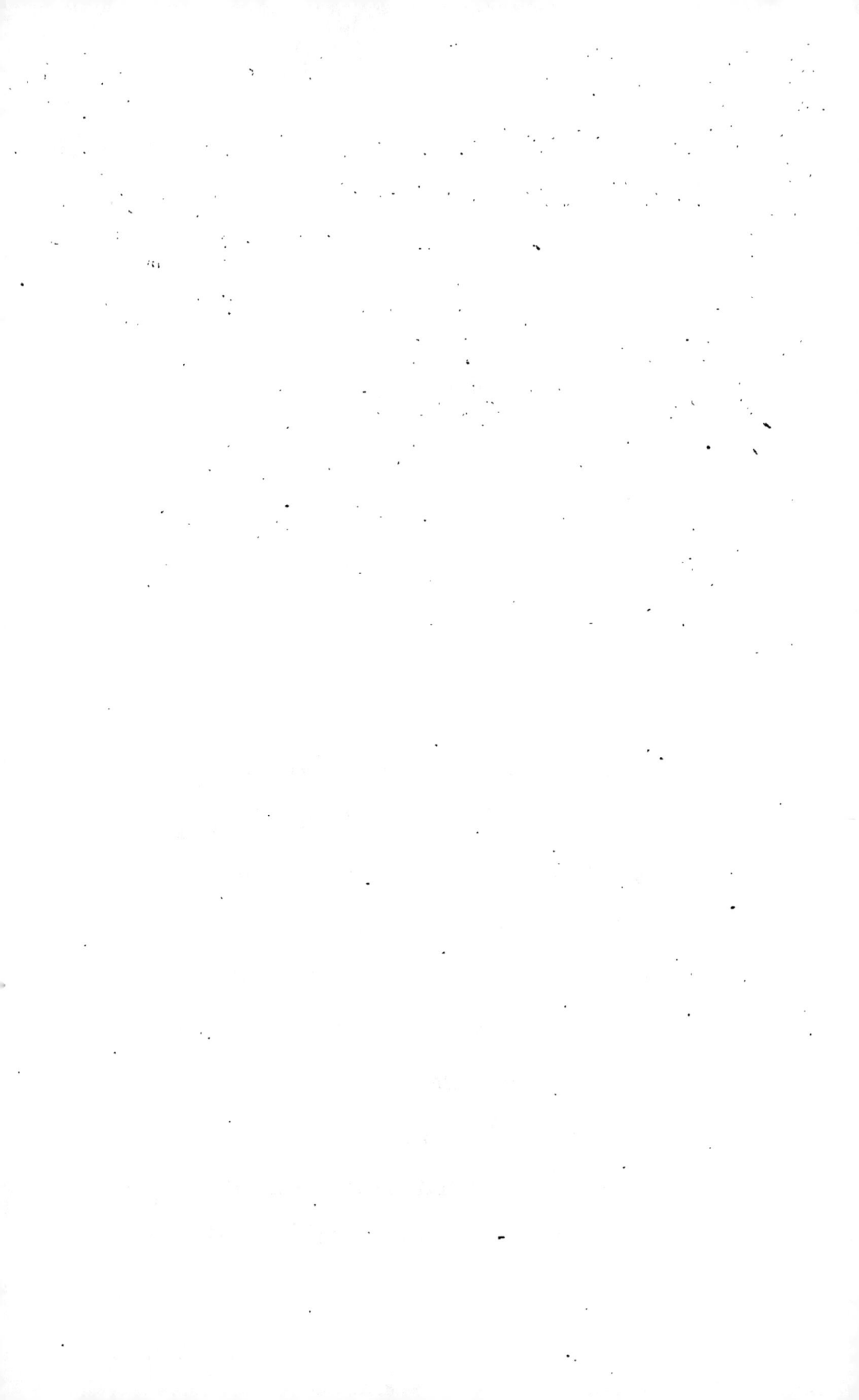

APPENDICE.

Il a été souvent question dans les pages qui précèdent du Pacte fondamental, promulgué sous le règne du souverain actuel de la Tunisie, et dont l'exécution a été momentanément suspendue. Néanmoins, ce Pacte a une portée si haute que nous avons voulu le mettre *in extenso* sous les yeux de nos lecteurs. En effet, le jour où S. M. Mohammed Essadak aura remplacé les capitulations existantes par des traités conformes à l'esprit du siècle et surtout à ses intentions souveraines, les *principes* de la Constitution tunisienne seront remis en vigueur, et dès lors on ne saurait assez répandre la connaissance de l'acte le plus important accompli de notre époque dans la société musulmane.

LOI ORGANIQUE

ou

CODE POLITIQUE ET ADMINISTRATIF

DU ROYAUME TUNISIEN

Traduction de l'arabe

Au nom de Dieu clément et miséricordieux, que ses bénédictions et le salut soient sur son Prophète!

Louanges à Dieu qui a doué l'espèce humaine de l'intelligence et de la parole, qui l'a créé digne de la prophétie, du califat et de toutes les missions importantes, qui lui a fait connaître ce

7

qu'il a jugé nécessaire des causes de la prospérité
et qui lui a envoyé les prophètes avec les livres
sacrés et la balance de la justice! Béni soit ce
Dieu généreux et digne de remerciments!

Que ses bénédictions et le salut soient sur notre Seigneur Mahomet, son prophète, par l'inter-
médiaire duquel il nous a guidés à la foi et qui
nous a communiqué l'objet de sa mission en nous
expliquant les règles dont il s'est servi comme
bases, pour y poser les principes fondamentaux
de sa doctrine! Que les bénédictions de Dieu
soient aussi sur sa famille et ses compagnons qui
sont le soutien de la foi par la force de leur doctrine et l'éclat de leurs actions, qui ont fait par-
venir jusqu'à nous les paroles du Prophète et ses
lois bonnes et justes, et qui se sont occupés à
bien interpréter et à mieux nous enseigner ses
règles qui engendrent la sûreté et la confiance!

Après ce qui précède, l'esclave de son maître,
le pauvre devant la miséricorde divine, celui qui
reconnaît que ses actions de grâces sont au-des-
sous de tant de bienfaits, le Mouchir MOHAMMED-
EL-SADAC, Bacha-Bey, Possesseur du royaume
de Tunis, dit : « Lorsque les hauts fonctionnaires
» m'ont choisi à l'unamité et en conformité de la
» loi de succession en usage dans le royaume pour
» être Chef de ce gouvernement à l'époque de la
» mort de mon frère qui eut lieu pendant que
» mes devoirs me tenaient éloigné de la capitale,

» je me suis rendu à leur appel seul, sans épée,
» ni lance, ni troupe, ni force aucune, et j'ai re-
» çu leurs hommages après avoir prêté serment
» en leur présence d'observer les principes du
» Pacte fondamental promulgué par feu mon frère
» le 20 moharrem 1274, publié dans tout ce
» royaume, et après leur avoir fait prêter le même
» serment. Voici en quels termes je me suis en-
» gagé à respecter les principes du Pacte fonda-
» mental, en vertu duquel j'ai reçu l'hommage
» de tous les habitants :
  » Au nom de Dieu clément et miséricordieux,
  » Béni soit celui qui a fait que la confiance
» soit la cause la plus efficace de la prospérité!
» Que les bénédictions et le salut soient sur no-
» tre Seigneur Mahomet, ses parents, ses com-
» pagnons et tous ceux qui les ont suivis dans le
» bien !
Après ce qui précède, le pauvre esclave de
Dieu, le Mouchir Mohammed-el-Sadac, Bacha-Bey
(que Dieu l'aide dans ses louables intentions et
dans la charge qu'il lui a confiée), dit : « J'ai
» reçu l'hommage des hauts dignitaires présents,
» conformément au Pacte fondamental qui garan-
» tit à tous les habitants la sûreté de leur honneur
» de leurs biens et de leurs personnes, et qui
» renferme différents autres principes et obliga-
» tions que feu mon frère et Seigneur Mohammed,
» Bacha-Bey, s'est engagé à observer sous la

» date du 20 moharrem 1274, et, conformément
» à ce qui est prescrit dans ledit Pacte fondamen-
» tal, j'ai juré et je jure devant Dieu que je res-
» pecterai tous les principes qui y sont établis et
» que je ne ferai rien qui leur soit contraire.

» Ces mots ont été dits par moi et sont répétés
» en mon nom par celui qui les lit. Ma signature
» et mon cachet, qui sont apposés sur cet acte,
» sont un témoignage digne de foi et évident pour
» toutes les personnes présentes à cette assem-
» blée et pour tous nos sujets et les habitants de
» nos Etats.

» En conformité de cela, vous devez respect
» et obéissance.

» Que Dieu soit en aide à tous les assistants!

» Donné le samedi vingt-cinquième jour du mois
» de sfar 1276. »

TEXTE DU PACTE FONDAMENTAL.

Au nom de Dieu clément et miséricordieux,

Louanges à Dieu qui a ouvert un chemin à la justice, qui a donné l'équité pour garant de la conservation de l'ordre dans le monde; qui a réglé le don de la connaissance du droit selon les intérêts; qui a promis la récompense au juste et la punition à l'oppresseur! Rien n'est aussi vrai que la parole de Dieu.

Que les bénédictions soient sur notre Seigneur Mahomet, que Dieu dans son livre a honoré des titres de humain et de compatissant et qui l'a distingué de préférence; qui l'a envoyé avec la pratique du droit chemin qu'il nous a enseignée et expliquée, ainsi que Dieu le lui avait ordonné, sur les bases de la permission, de la défense du juste et de l'injuste, de sorte que la parole de Dieu n'a été l'objet ni de changement, ni de fausse interprétation! Que le salut et la bénédiction soient sur sa famille et ses compagnons qui ont

su enseigner la vérité a celui qui a désiré la connaître et l'ont convaincu par leur science et leurs
preuves; qui ont connu la loi par texte et par interprétation et qui nous ont laissé comme preuve
éclatante leur conduite exemplaire, leur justice
et leur équité!

Je te demande, ô Dieu! de m'accorder ton puissant appui pour arriver aux actes qui te plaisent,
pour que tu m'aides à remplir ma tâche de Prince,
cette tâche qui est le plus lourd fardeau que puisse
porter un homme! Je mets toute ma confiance et
tout mon espoir en toi: quel plus grand appui
que celui du Très-Haut!

La mission que Dieu nous a donnée en nous
chargeant de gouverner ses créatures dans cette
partie du monde nous impose des devoirs impé-
rieux et des obligations religieuses que nous ne
pouvons remplir qu'à l'aide de son seul secours.
Sans cet aide, qui pourrait satisfaire à ses devoirs
envers Dieu et envers les hommes?

Persuadé qu'il faut suivre les prescriptions de
Dieu en tout ce qui concerne ses créatures, je suis
décidé à ne plus laisser peser sur celles qui sont
confiées à mes soins ni l'injustice, ni le mépris;
je ne négligerai rien pour les mettre en pleine
possession de leurs droits.

Peut-on manquer soit par ses actes, soit par
ses intentions à de pareils devoirs, quand on sait
que Dieu ne commet pas la moindre injustice et

qu'il réprouve ceux qui oppriment ses créatures?

Dieu a dit à son Prophète bien-aimé : « O David ! je t'ai fait mon calife sur la terre, juge les hommes d'après la justice, ne te laisse pas guider par la passion, car elle t'éloignerait de la voie de Dieu, et ceux qui s'éloignent des voies du Seigneur sont destinés aux tourments les plus affreux, car ils ont oublié le jour de la rémunération. »

Dieu est témoin que j'accepte ses hautes prescriptions pour prouver que je préfère le bonheur de mes Etats à mon avantage personnel. J'ai consacré à assurer ce bonheur, mon temps, mes forces et ma raison. J'ai déjà commencé, comme on le sait, à alléger les taxes qui pesaient sur mes sujets. Dieu a permis que cette réforme fût une source de bien, et ces heureux résultats ont fait espérer à nos peuples de nouvelles améliorations.

La main des agents infidèles se trouvait dès lors paralysée.

Pour arriver à des améliorations, il faut d'abord en établir les bases générales. Vouloir y atteindre du premier coup, sans les asseoir sur ces bases, serait se créer d'insurmontables difficultés.

Nous nous sommes convaincu que la plupart des habitants de nos Etats n'ont pas une confiance entière dans ce que nous avons fait pourtant avec les meilleures intentions. C'est une loi de la nature que l'homme ne puisse arriver à la prospérité qu'autant que sa liberté lui est entièrement garantie, qu'il est certain de trouver un abri contre l'oppression derrière le rempart de la justice et de voir respecter ses droits, jusqu'au jour où des preuves irrécusables démontrent sa culpabilité; qu'autant qu'il sera sûr que cette culpabilité ne résultera pas pour lui de témoignages isolés.

L'homme coupable qui se voit jugé par plusieurs n'hésite pas, pour peu qu'il conserve une lueur de raison, à reconnaître son crime et doit se dire : « Quiconque outrepasse les limites fixées par le Seigneur se condamne lui-même. »

Nous avons vu le Chef de l'Islamisme et celles des grandes puissances qui se sont placées par leur sage politique à la tête des nations donner à leurs sujets les plus complètes garanties de liberté; ils ont compris que c'était là un de leurs premiers devoirs dicté par la raison et par la nature elle-même. Si ces avantages accordés sont réels, le Charaâ doit les consacrer lui-même; car le Charaâ a été institué par Dieu pour défendre l'homme contre les mauvaises passions. Quiconque se soumet à la justice et jure par elle se rapproche de la piété.

Le cœur de l'homme qui a foi dans sa liberté se rassure et se raffermit.

Nous avons informé naguère les grands ulémas de notre religion et quelques-uns de nos hauts fonctionnaires de notre intention d'établir des tribunaux composés d'hommes éminents pour connaître des crimes et des délits, ainsi que des différends que peut engendrer le commerce, cette source de prospérité des Etats. Nous avons établi, pour l'organisation de ces tribunaux, des principes qui ne dérogent en rien aux principes sacrés de notre loi.

Les sentences émanées du tribunal du Charaâ continueront à avoir leur plein effet. Puisse Dieu perpétuer jusqu'au jour du dernier jugement le respect que ce tribunal inspire.

Le Code administratif et judiciaire demande le temps nécessaire pour être rédigé et adapté aux exigences de notre pays. Nous espérons que Dieu qui lit dans notre cœur, nous fera la grâce d'établir ces réformes dans l'intérêt de notre Gouvernement, et qu'elles ne s'écarteront point des principes que nous ont légués les gloires de l'Islamisme. Et nous, humble et pauvre serviteur du Très-Haut, nous nous hâterons de nous conformer à ses volontés en rassurant les hommes. Rien dans ce Code, tous pourront s'en convaincre, ne sera contraire à ses saintes prescriptions.

En voici les bases :

1° Une complète sécurité est garantie formellement à tous nos sujets, à tous les habitants de nos Etats, quelles que soient leur religion, leur nationalité et leur race. Cette sécurité s'étendra à leur personne respectée, à leurs biens sacrés et à leur réputation honorée.

Cette sécurité ne subira d'exception que dans les cas légaux dont la connaissance sera dévolue aux tribunaux; la cause nous sera ensuite soumise et il nous appartiendra soit d'ordonner l'exécution de la sentence, soit de commuer la peine, soit de prescrire une nouvelle instruction.

2º Tous nos sujets seront assujettis à l'impôt existant aujourd'hui ou qui pourra être établi plus tard, proportionnellement et quelle que soit la position de fortune des individus, de telle sorte que les grands ne seront pas exempts du *canoun* à cause de leur position élevée, et que les petits n'en seront point exempts non plus à cause de leur faiblesse. Le développement de cet article aura lieu d'une manière claire et précise.

3º Les musulmans et les autres habitants du pays seront égaux devant la loi, car ce droit appartient naturellement à l'homme, quelle que soit sa condition.

La justice sur la terre est une balance qui sert à garantir le bon droit contre l'injustice, le faible contre le fort.

4º Nos sujets israélites ne subiront aucune contrainte pour changer de religion et ne seront point empêchés dans l'exercice de leur culte; leurs synagogues seront respectées et à l'abri de toute insulte, attendu que l'état de protection dans lequel ils se trouvent doit leur assurer nos avantages comme il doit aussi nous imposer leur charge.

5º Attendu que l'armée est une garantie de la sécurité de tous, et que l'avantage qui en résulte tourne au bénéfice du public en général ; considérant, d'autre part, que l'homme a besoin de consacrer une partie de son temps à son existence et aux besoins de sa famille, nous déclarons que nous n'enrôlerons les soldats que suivant un règlement, et, d'après le mode de conscription au sort, le soldat ne restera point au service au delà d'un temps limité, ainsi que cela sera déterminé dans un code militaire.

6º Lorsque le tribunal criminel aura à se prononcer sur la pénalité encourue par un israélite sujet, il sera adjoint audit tribunal des assesseurs également israélites. La loi religieuse les rend d'ailleurs l'objet de recommandation bienveillantes.

7º Nous établirons un tribunal de commerce composé d'un président, d'un greffier et de plusieurs membres choisis parmi les musulmans et les sujets des puissances amies. Ce tribunal, qui aura à juger les causes commerciales, entrera en fonctions après que nous nous serons entendu avec les grandes puissances étrangères, nos amies, sur le mode à suivre pour que leurs sujets soient justiciables de ce tribunal. Les règlements de cette institution seront développés d'une manière précise afin de prévenir tout conflit ou malentendu.

8° Tous nos sujets, musulmans ou autres, seront soumis également aux règlements et aux usages en vigueur dans le pays ; aucun d'eux ne jouira à cet égard de privilége sur un autre.

9° Liberté de commerce pour tous et sans aucun privilége pour personne. Le gouvernement s'interdit toute espèce de commerce et n'empêchera personne de s'y livrer.

Le commerce en général sera l'objet d'une sollicitude protectrice, et tout ce qui pourra lui causer des entraves sera écarté.

10° Les étrangers qui voudront s'établir dans nos Etats pourront exercer toutes les industries et tous les métiers, à la condition qu'ils se soumettront aux réglements établis et à ceux qui pourront être établis plus tard, à l'égal des habitants du pays. Personne ne jouira à cet égard de privilége sur un autre.

Cette liberté leur sera acquise après que nous nous serons entendu avec leurs gouvernements sur le mode d'application qui sera expliqué et développé.

11° Les étrangers appartenant aux divers gouvernements, qui voudront s'établir dans nos Etats, pourront acheter toutes sortes de propriétés, telles que maisons, jardins, terres, à l'égal des habitants du pays, à la condition qu'ils seront soumis aux règlements existants ou qui pourront être établis, sans qu'ils puissent s'y soustraire.

Il n'y aura pas la moindre différence à leur égard dans les règlements du pays. Nous ferons connaître, ensuite, le mode d'habitation, de telle sorte que le propriétaire en aura une connaissance parfaite et sera tenu de l'observer.

Nous jurons par Dieu et par le Pacte sacré que nous mettrons à exécution les grands principes que nous venons de poser, suivant le mode indiqué, et que nous les ferons suivre des explications nécessaires.

Nous nous engageons, non-seulement en notre nom, mais au nom de nos successeurs; aucun d'eux ne pourra régner qu'après avoir juré l'observation de ces institutions libérales, résultant de nos soins et de nos efforts; nous en prenons à témoin, devant Dieu, cette illustre assemblée, composée des représentants des grandes puissances amies et des hauts fonctionnaires de notre Gouvernement.

Dieu sait que le but que j'ai fait connaître et que je viens d'expliquer à ceux qui m'entourent a été mis par lui au fond de mon cœur. Dieu sait que mon désir le plus ardent est de mettre immédiatement à exécution les principes et les conséquences de ces nouvelles institutions. On ne peut demander à l'homme que ce qui lui est possible.

Celui qui a juré par Dieu doit accomplir son serment.

La justice est le bien le plus solide.

La vie à venir est la seule qui dure.

Nous recevons le serment des grands personnages et des hauts fonctionnaires de notre Gouvernement par lequel ils s'engagent à joindre leurs intentions et leurs actions aux nôtres dans l'exécution des réformes que nous venons de décréter Nous leur disons : Gardez-vous de transgresser le serment que vous venez de faire devant Dieu, car Dieu connaît vos intentions et vos actes les plus secrets.

O Dieu! soutiens ceux qui nous ont aidés à contribuer au bonheur de tes créatures, abreuve-les du nectar de ta grâce!

O Dieu! accorde-nous ton aide, ton assistance et ta miséricorde; fais que cette œuvre produise ses fruits! Nous te demandons ton appui pour cette tâche et te rendons grâces pour la mission que tu nous a confiée.

Heureux celui que tu as choisi pour le conduire sur le sentier de la vérité! Le bien est dans ce que tu décrètes.

Après avoir pris les différents avis, nous, pauvre serviteur de Dieu, avons promulgué cet acte dans lequel nous avons vu l'utilité pour la prospérité du pays avec la bénédiction du Coran et les mystères de la Fatha.

Salut de la part du serviteur de son Dieu, le Mouchir MOHAMMED, Bacha-Bey, Possesseur du royaume de Tunis.

Le 20 moharrem 1274.

(Signé de sa propre main.)

« J'approuve l'écriture ci-dessus, le Mouchir MOHAMMED, Bacha-Bey. Dieu est témoin de la vérité de ce que je dis. »

EXPLICATION PROMISE

DES PRINCIPES DU PACTE FONDAMENTAL.

CHAPITRE PREMIER.

De la liberté des cultes.

Il est du devoir de tout législateur qui prescrit le bien et défend le mal de se soumettre lui-même à ce qu'il a ordonné et d'éviter ce qu'il a défendu, afin que ses prescriptions soient observées et qu'il ne soit jamais permis de lui désobéir, et cela conformément à l'axiome de morale admis par la religion et la philosophie : « Désirer aux autres ce qu'on désire à soi-même et ne pas faire aux autres ce qu'on ne veut pas qu'il soit fait à soi-même. »

Ainsi, nous nous engageons devant Dieu envers tous nos sujets, de quelque religion qu'ils soient, à leur faciliter par tous les moyens en notre pouvoir le sûr et libre exercice de leur culte.

Quant aux musulmans, aucun d'eux ne pourra être forcé de changer le rite auquel il appartient d'après sa conviction et selon lequel il exerce le culte extérieur.

La permission de remplir la prescription religieuse du pèlerinage de la Mecque ne pourra être refusée aux musulmans qui auront les moyens de faire ce voyage pieux.

Les musulmans continueront à être soumis à la loi religieuse pour ce qui regarde les actes du culte et de piété, les legs pieux, les fidéicommis, les donations, les offrandes du culte, le mariage et les actes y relatifs, la puissance paternelle, les successions, les testaments, la tutelle des orphelins, etc.

Pour ce qui regarde leur sûreté et liberté religieuses, nos sujets non musulmans ne seront jamais ni contraints à changer de religion, ni empêchés de le faire; mais leur changement de croyance ne pourra ni leur faire acquérir une nouvelle nationalité, ni les soustraire à notre juridiction. Aucun d'eux ne pourra être forcé à des réformes dans les principes de sa religion.

Pour les mariages et les actes y relatifs, la puissance paternelle, la tutelle des orphelins, les testaments, les successions, etc., ils continueront à être soumis aux décisions de leurs juges religieux, qui seront nommés par nous sur la proposition de leurs notables. Leurs réunions religieuses ne seront jamais troublées.

Ainsi il y aura égalité parfaite devant la loi, sans distinction de religion.

CHAPITRE II.

De la liberté et sûreté individuelles.

Tout ce qui tend à la destruction de l'homme, qui est la plus belle œuvre de la création, constitue le plus grand des crimes, et Dieu lui-même a fixé des règles et des peines pour assurer la conservation de la personne, des biens et de l'honneur de ses créatures.

Nous promettons formellement à chacun de nos sujets la jouissance de toute sûreté personnelle, morale et matérielle, à moins qu'il n'ait commis un fait soumis à l'appréciation des tribunaux. Ce fait ne pourra être constaté que par une décision rendue à la majorité des voix, après avoir examiné les preuves et entendu la défense. Il ne sera

apporté par nous aucune modification aux décisions ainsi rendues que pour atténuer les peines
qu'elles auront prononcées.

Il sera notifié, dans les quarante-huit heures,
à tout individu arrêté par la police, la cause pour
laquelle il aura été détenu.

Une des mesures contraires à la liberté indivi-
duelle, c'est la retenue indéfinie du soldat sous
les drapeaux et l'enrôlement arbitraire. Aussi, à
l'avenir, la conscription aura lieu dans chaque
partie de notre royaume par le tirage au sort et
de manière qu'elle ne puisse être nuisible au
bien-être des habitants, ainsi que nous l'indique-
rons dans le Code militaire et ainsi que cela est
pratiqué par les autres souverains de l'islamisme
et des nations chrétiennes.

CHAPITRE III.

De la garantie des biens.

La richesse intéresse l'homme presque autant
que sa personne même. Quand il n'est pas rassuré
sur la possession de ses biens, il perd la confiance et voit se fermer pour lui les voies de la
prospérité, et il en résulte, comme chacun le
sait, un manque de bien-être général.

Afin d'éviter cela, nous promettons formellement à tout propriétaire de nos sujets, sans dis-

tinction de religion, une sûreté complète pour ses biens meubles ou immeubles, de quelque nature qu'ils soient et quelle qu'en soit leur importance. Cesdits biens ne lui seront jamais ni pris de vive force, ni dispersés, et il ne sera rien fait qui puisse en diminuer la valeur. Aucun propriétaire ne sera forcé, même contre l'offre d'un prix double, à vendre ou à louer ses propriétés. Cela ne pourra avoir lieu que de son plein gré et consentement, à moins qu'il ne s'agisse du paiement d'une dette reconnue et prouvée contre lui et qu'il se serait refusé à solder, ou d'un cas d'utilité publique.

Les biens ne paieront que les dîmes et les impositions établies par le Gouvernement sur les ventes ou qui pourront être établies à l'avenir par notre conseil; de cette manière chacun connaîtra d'avance ce qu'il aura à payer sur ses biens avec la certitude de n'avoir rien à payer en plus.

Personne n'aura à subir comme peine la perte totale ou partielle de ses biens que dans les cas prévus par le Code pénal et civil.

Tous nos sujets, quelle que soit leur religion, pourront posséder des biens immeubles, et ils en auront la disposition pleine et entière, à condition pourtant qu'ils ne pourront rien y faire qui puisse occasionner un dommage général ou partiel à leurs voisins ou autres, dans lequel cas ils seront obligés à la destruction de la cause et à la réparation du dommage causé.

Les biens de celui qui aura commis un crime emportant la peine de mort, d'après les dispositions du chapitre deuxième, *De la liberté et sûreté individuelles*, passeront à ses héritiers.

Il est reconnu que l'industrie et les travaux manuels constituent une partie de la richesse, puisqu'ils sont un moyen de sa production et sont, pour celui qui les exerce, ce que le capital est pour le négociant. Ainsi, par application de la garantie des biens, objet de ce chapitre, le Gouvernement ne forcera jamais aucun ouvrier, ni aucun artiste, à travailler pour lui contre son gré. Dans le cas où les ouvriers et les artistes voudront travailler pour le Gouvernement, il leur paiera le même salaire que les particuliers, seulement les ouvriers seront obligés de donner la préférence au Gouvernement, lorsqu'il s'agira de services pour la défense du pays.

Nul ne sera forcé à acheter un article quelconque provenant des revenus en nature du Gouvernement, ni à vendre les produits de son industrie à un prix fixe; mais le Gouvernement pourra les lui acheter au prix payé par les particuliers, sur lesquels il aura la préférence, quand il en sera acquéreur pour le bien général.

Tout propriétaire ou capitaliste pourra employer ses fonds à telle spéculation qu'il jugera convenable, à l'exception de celles prohibées par le Gouvernement ou qui le seront à l'avenir ; mais il ne pourra jamais ni se refuser au paiement des droits établis sur les industries, ni en exercer aucune de laquelle il pourrait résulter un dommage général ou particulier.

CHAPITRE IV.

De la sûreté et de la garantie de l'honneur.

L'honneur est tellement cher à l'homme qu'en le défendant avec toute la puissance de ses facultés personnelles il peut, dans certain cas, pousser cette défense jusqu'à tuer celui qui y porte atteinte.

Nous renouvelons à nos sujets, à quelque religion qu'ils appartiennent, l'assurance que leur honneur sera respecté et qu'aucune peine infamante ne sera prononcée contre aucun d'eux pour le seul fait d'une accusation, quelque haute que soit la position de l'accusateur ; car, tout le monde est égal devant la loi.

Par suite de cette même protection, il ne sera prononcé aucun jugement contre qui que ce soit sur une délation faite en son absence, et aucun fonctionnaire ne pourra être destitué qu'à la suite d'une faute évidente constatée par des preuves qu'il n'aura pu détruire. L'affaire, dans ce cas, sera portée, ainsi que les pièces à l'appui, devant le tribunal qui prononcera à la majorité, ainsi qu'il sera dit.

Pour que la justice soit égale pour tous, il faut qu'elle soit basée sur des lois formelles, observées et respectées, qui puissent être consultées au besoin, car le bien-être dépend de la régularité des choses.

LOI ORGANIQUE

ou

CODE POLITIQUE & ADMINISTRATIF

DU ROYAUME TUNISIEN

_____

CHAPITRE PREMIER.

Des Princes de la famille Husseinite.

Article premier. — La succession au pouvoir est héréditaire entre les princes de la famille Husseinite par ordre d'âge, suivant les règles en usage dans le royaume. Dans le cas seulement où l'héritier présomptif se trouvera empêché, le prince qui vient immédiatement après lui lui succèdera dans tous ses droits.

2. — Il y aura deux registres signés par le premier ministre et par le président du conseil suprême pour y inscrire l'état civil de la famille régnante. Ces registres seront déposés, l'un dans

les archives du premier ministre et l'autre dans celles du conseil suprême.

3. — Le Chef de l'Etat est en même temps le chef de la famille régnante. Il a pleine autorité sur tous les princes et princesses qui la composent, de manière qu'aucun d'eux ne peut disposer, ni de sa personne, ni de ses biens sans son consentement. Il a sur eux l'autorité de père et leur en doit les avantages.

4. — Le Chef de l'Etat, en sa qualité de chef de la famille régnante, réglera les devoirs et les obligations de ses membres de la manière qu'il jugera convenable à leur position élevée, à leur personne et à leur famille. Les membres, de leur côté, lui doivent obéissance de fils à père.

5. — Les princes et princesses de la famille régnante ne pourront contracter mariage sans le consentement du chef.

6. — Si, par suite d'une contravention aux présentes dispositions ou pour toute autre cause, un différend s'élève entre les membres de la famille régnante pour des raisons personnelles, ce différend sera jugé par une commission que le chef de la famille instituera *ad hoc,* sous sa présidence ou celle d'un des principaux membres de la famille régnante, des ministres et des membres du conseil privé. Elle sera chargée de faire un rapport sur l'affaire et, si elle établit l'existence de la contravention, elle écrira sur le rap-

port : « Il conste que le prince tel est en faute, »
et le présentera au chef, auquel, seul, appartient
le droit de punir les membres de sa famille en
leur appliquant la peine qu'il jugera convenable.

7. — Tout délit commis par un membre de la
famille régnante contre un particulier sera jugé
par une commission que le Chef de l'Etat nommera *ad hoc*, sous sa présidence ou celle du principal membre de la famille après lui, qu'il désignera à cet effet. Cette commission sera composée
des ministres en activité de service et des membres du conseil privé ; elle sera chargée d'écrire
un rapport sur la plainte et sur les pièces pro-
duites à l'appui, dans lequel elle émettra son
avis et le présentera au Chef de l'Etat, qui, seul,
prononcera sur la peine à infliger si la culpabilité
du prince est établie.

8. — Les crimes qui pourraient être commis
par les membres de la famille régnante, soit
contre la sûreté de l'Etat, soit contre les particuliers, ne seront point jugés par les tribunaux
ordinaires. Une commission composée des ministres en activité de service, des membres du
conseil privé et du président du conseil suprême,
sous la présidence du Chef de l'Etat lui-même
ou du principal membre de la famille régnante,
après lui, qu'il désignera à cet effet, sera chargée d'instruire l'affaire et de prononcer la peine
qu'aura mérité le coupable d'après le Code

pénal. Cette commission présentera la sentence,
signée par le président et par tous les membres,
au Chef de l'Etat, qui en ordonnera l'exécution
ou accordera une commutation de la peine.

CHAPITRE II.
Des Droits et des Devoirs du Chef de l'Etat.

9. — Tout prince, à son avènement au trône,
doit prêter serment, en invoquant le nom de Dieu,
de ne rien faire qui soit contraire aux principes
du Pacte fondamental et aux lois qui en découlent
et de défendre l'intégrité du territoire tunisien.
Ce serment doit être fait solennellement et à
haute voix, en présence des membres du conseil
suprême et des membres du Medjilis du Charaâ.
C'est seulement après avoir rempli cette formalité
que le prince recevra l'hommage de ses sujets et
que ses ordres seront exécutables.

Le Chef de l'Etat qui violera volontairement
les lois politiques du royaume sera déchu de ses
droits.

10. — Le Chef de l'Etat devra faire prêter serment à tous les fonctionnaires civils et militaires.
Le serment est conçu en ces termes : « Je jure par
le nom de Dieu que j'obéirai aux lois qui découlent
du Pacte fondamental et que je remplirai fidèle-
ment tous mes devoirs envers le Chef de l'Etat. »

11. — Le Chef de l'Etat est responsable de tous ses actes devant le conseil suprême s'il contrevient aux lois.

12. — Le Chef de l'Etat dirigera les affaires politiques du royaume avec le concours de ses ministres et du conseil suprême.

13. — Le Chef de l'Etat commande les forces de terre et de mer, déclare la guerre, signe la paix, fait les traités d'alliance et de commerce.

14. — Le Chef de l'Etat choisit et nomme ses sujets dans les hautes fonctions du royaume et a le droit de les démettre de leurs fonctions lorsqu'il le jugera convenable. En cas de délits ou crimes, les fonctionnaires ne pourront être destitués que de la manière prescrite à l'article 63 du présent Code.

15. — Le Chef de l'Etat a le droit de faire grâce si cela ne lèse point les droits d'un tiers.

16. — Le Chef de l'Etat désignera le rang que doit occuper chaque employé dans la hiérarchie, et fera les règlements et les décrets nécessaires pour l'exécution des lois.

17. — Sur les fonds réservés au ministère des finances pour les gratifications, le Chef de l'Etat allouera la somme qu'il jugera convenable à tout employé du gouvernement, civil ou militaire, qui se sera distingué dans son service et lui aura été signalé par le ministre comme ayant acquis des droits à cette gratification. Quant aux services

éminents qui auront eu pour effet de prévenir un danger qui menaçait la patrie ou de lui procurer un grand avantage, le Chef de l'Etat en déférera la connaissance à son conseil suprême, afin de savoir si l'auteur de ce service mérite ou non une pension viagère et adoptera l'avis donné par ledit conseil à ce sujet.

18. — Le Chef de l'Etat pourra adopter, avec le concours du ministre compétent, les mesures qu'il jugera opportunes dans les affaires nou comprises dans l'article 63 du présent Code.

CHAPITRE III.

De l'Organisation des Ministères, du Conseil suprême, et des Tribunaux.

19. — Les ministres sont, après le Chef de l'Etat, les premiers dignitaires du royaume.

20. — Les ministres administrent les affaires de leur département d'après les ordres du Chef de l'Etat et sont responsables devant lui et devant le conseil suprême.

21. — Il y aura un conseil suprême chargé de sauvegarder les droits du Chef de l'Etat, des sujets et de l'Etat.

22. — Il y aura un tribunal de police correctionnelle pour juger les contraventions de simple police.

23. — Il y aura un tribunal civil et criminel

pour connaître des affaires autres que celles qui dépendent des conseils militaires et des tribunaux de commerce.

24. — Il y aura un tribunal de révision pour connaître des recours faits contre les jugements rendus par le tribunal civil et criminel et celui de commerce.

25. — Il y aura un tribunal de commerce pour connaître des affaires commerciales.

26. — Il y aura un conseil de guerre pour connaître des affaires militaires.

27. — Les jugements que rendront les tribunaux institués par la présente loi devront être motivés d'après les articles des Codes rédigés à leur usage.

28. — Les fonctions des magistrats composant le tribunal civil et criminel et le tribunal de révision sont inamovibles. Ceux qui seront nommés à ces fonctions ne seront destitués que pour cause de crime établi devant un tribunal. Au premier temps de leur entrée en fonctions, il sera fait à leur égard ainsi qu'il est dit à l'article 5 du Code civil et criminel.

CHAPITRE IV.

Des Revenus du Gouvernement.

29. — Sur les revenus du Gouvernement, il sera prélevé une somme d'un million et deux

cent mille piastres par an pour le Chef de l'Etat.

30. — Il sera prélevé également une somme annuelle de soixante-six mille piastres pour chacun des princes mariés; de six mille piastres pour chacun des princes non mariés et encore sous l'autorité paternelle; de douze mille piastres pour chacun des princes non mariés et dont le père est mort, jusqu'à l'époque de son mariage; de vingt mille piastres pour les princesses mariées ou veuves; de trois mille piastres pour les princesses non mariées et dont le père est vivant; de huit mille piastres pour les princesses non mariées après la mort de leur père, jusqu'à l'époque de leur mariage; de douze mille piastres pour chaque veuve de Chef de l'Etat; de huit mille piastres pour chaque veuve de prince décédé.

Il sera, en outre, alloué une somme, une fois payée, de quinze mille piastres à chaque prince, et de cinquante mille piastres à chacune des princesses à l'époque de leur mariage pour leurs frais de noces.

31. — Les revenus de l'Etat, après prélèvement des sommes énoncées aux articles 29 et 30, seront appliqués sans exception à la solde des employés civils et militaires, aux besoins de l'Etat à sa sûreté et à tout ce qui profite à l'Etat, et seront répartis, à cet effet, entre les ministères, ainsi qu'il est dit à l'article 63 du présent Code.

CHAPITRE V.

De l'Organisation du service des Ministères.

32. — Des lois sanctionnées par le Chef de l'Etat et par le conseil suprême règleront la nature des fonctions de chaque ministre, ses droits et ses devoirs, la nature de ses relations avec les divers agents du Gouvernement tunisien ou des Gouvernements étrangers et l'organisation intérieure de chaque ministère.

33. — Le service du ministre est divisé en trois catégories : la première comprend les détails du service de son département, que le ministre est autorisé à traiter sans une permission spéciale du Chef de l'Etat ; la deuxième comprend les affaires mentionnées dans la loi, sur lesquelles le ministre doit donner son avis et dont l'exécution ne peut avoir lieu sans l'autorisation du Chef de l'Etat ; la troisième comprend les affaires de haute importance indiquées à l'article 63 du présent Code, qui doivent être soumises à l'appréciation du conseil suprême avec l'autorisation du Chef de l'Etat.

34. — Les ministres sont responsables envers le Gouvernement pour ce qui concerne les affaires qui se rattachent à la première catégorie indiquée à l'article précédent, s'il y a contravention de leur part aux lois. Quant aux affaires comprises dans

les autres catégories, les ministres ne sont responsables qu'en ce qui concerne leur exécution.

Les directeurs sont responsables vis-à-vis du ministre de l'exécution des ordres qu'ils en reçoivent, du règlement du service des employés du ministère, de l'exactitude des rapports qu'ils soumettent au chef de leur département et de l'exécution des ordres donnés par lui en conséquence ; ils sont responsables également de toutes les affaires qu'ils sont autorisés à traiter de leur chef sans une permission spéciale du ministre, en vertu des pouvoirs qui leur sont conférés d'après la loi réglementaire de leur service.

35. — Le ministre établira un règlement intérieur dans son département pour faciliter le service, mettre de l'ordre dans les archives et les registres, comme il le jugera convenable. L'employé qui contreviendra à ce règlement manquera à ses devoirs.

La connaissance de ce règlement est réservée aux employés du département, qui sont tenus de l'observer.

Ce règlement pourra être changé ou modifié, en tout ou en partie, toutes les fois que le ministre le jugera nécessaire pour le bien du service.

Le directeur est responsable devant le chef de son département de l'exécution de ce règlement.

36. — Tous les fonctionnaires des divers dé-

partements seront nommés par le Chef de l'Etat sur la proposition du ministre compétent. Si le ministre juge à propos de démettre de ses fontions un employé quelconque de son département il en fera la proposition au Chef de l'Etat, qui sanctionnera sa demande.

37. — Tous les employés des ministères, directeurs et autres, sont responsables vis-à-vis du ministre pour tout ce qui concerne leur service.

38. — Le ministre contresignera les écrits émanés du Chef de l'Etat qui ont rapport à son département.

39. — Les affaires qui paraîtront au ministre de quelque utilité pour le pays, si elles relèvent du département dont il est chargé, seront portées par lui à la connaissance du Chef de l'Etat dans un rapport détaillé exposant les motifs et expliquant l'utilité. Le Chef de l'Etat ordonnera le renvoi de ce rapport au conseil suprême.

40. — Les plaintes adressées au ministre contre les fonctionnaires quelconques qui dépendent de son département seront examinées par lui, sans retard, de la manière qu'il jugera convenable pour arriver à la connaissance de la vérité. Dans ce cas, le ministre, jugeant seulement la conduite de ses subordonnés, ne sera pas obligé de suivre la procédure en usage devant les tribunaux ordinaires pour les interrogatoires. Lorsqu'il aura constaté la vérité du fait, il fera droit au

plaignant, s'il y a lieu, dans un temps qui ne pourra excéder un mois. Si, après ce délai, il n'est pas fait droit à la réclamation du plaignant, celui-ci pourra adresser sa plainte par écrit au conseil suprême.

41. — Dans le cas où un recours est ouvert devant le Chef de l'Etat au sujet d'une plainte adressée au département ministériel, le ministre ne pourra prononcer sa décision avant de connaître celle du Chef de l'Etat.

42. — Les plaintes des gouverneurs contre leurs administrés et réciproquement, lorsqu'il s'agit d'affaires de service, seront portées, ainsi que les pièces à l'appui, devant le ministre compétent pour y être examinées et ensuite portées à la connaissance du Chef de l'Etat dans son conseil.

43. — Tous les rapports officiels entre le Chef de l'Etat et les différents ministères, les conseils et les tribunaux, ainsi que les ordres émanés du Chef de l'Etat à ces différents corps, auront lieu par écrit; car, en règle générale, il n'y a de preuve que la pièce écrite.

CHAPITRE VI.

De la Composition du Conseil suprême.

44. — Le nombre des membres du conseil suprême ne pourra excéder soixante. Le tiers de ce

nombre sera pris parmi les ministres et les fonctionnaires du Gouvernement de l'ordre civil ou
militaire. Les deux autres tiers seront pris parmi
les notables du pays.

Les membres de ce conseil auront le titre de
conseillers d'Etat.

Ce conseil aura des secrétaires en nombre suffisant.

45. — Lors de l'installation de ce conseil, le
Chef de l'Etat choisira ses membres avec le concours de ses ministres.

46. — Les conseillers d'Etat, à l'exception des
ministres, sont nommés pour cinq ans. A l'expiration de ce temps, le conseil sera renouvelé par
cinquième tous les ans, au sort, et, à l'expiration des dix années, les plus anciens d'entre eux
seront renouvelés par cinquième et ainsi de
suite.

47. — Le conseil suprême établira, avec le
concours du Chef de l'Etat, qui la signera, une
liste de quarante notables, parmi lesquels seront
pris au sort les remplaçants des membres sortis.

48. — Lorsque les trois quarts des notables
portés sur cette liste auront été nommés, le conseil étant au complet procédera à la nomination
d'autres membres jusqu'au complément de quarante, pour remplacer les membres sortis, ainsi
qu'il est dit à l'article précédent.

49. — Le Chef de l'Etat, dans son conseil des

ministres, désignera parmi les fonctionnaires du Gouvernement les membres qui devront remplacer ceux d'entre eux qui sont sortis.

50. — Les membres de ce conseil seront inamovibles pour tout le temps spécifié à l'article 46, à moins d'un crime ou délit prouvé devant le conseil.

51. — Le conseil aura le droit de choisir les remplaçants parmi les membres sortis, soit des notables de la ville, soit des fonctionnaires du Gouvernement démissionnaires, à condition pourtant qu'ils ne pourront être renommés avant l'expiration de cinq ans du jour de la sortie.

52. — Le conseil suprême ne pourra délibérer que lorsque quarante de ses membres au moins sont présents.

53. — Le vote de ce conseil aura lieu à la majorité des voix. En cas de partage, la voix du président est prépondérante.

54. — Il sera détaché de ce conseil un comité chargé du service ordinaire, tel que donner un avis au Chef de l'Etat ou aux ministres, lorsqu'ils le demanderont, sur les affaires qui ne nécessitent pas l'approbation du conseil suprême; préparer les affaires qui doivent être soumises à la délibération du conseil suprême; désigner les jours de séance du conseil, etc.

Les membres de ce comité se réuniront dans le palais du conseil.

55. — Ce comité sera composé d'un président, d'un vice-président et de dix membres, dont le tiers sera pris parmi les fonctionnaires du Gouvernement.

56. — Ce comité ne pourra émettre d'avis que lorsque sept membres au moins, y compris le président ou le vice-président, seront présents.

57. — Le président et le vice-président du conseil suprême seront choisis parmi ses membres les plus capables et nommés par le Chef de l'Etat.

58. — Le Chef de l'Etat nommera également deux des membres du conseil suprême aux fonctions de président et de vice-président du comité chargé du service ordinaire.

59. — Les fonctions de membres du conseil suprême sont gratuites, leurs services étant pour la patrie.

CHAPITRE VII.

Des Attributions du Conseil suprême.

60. — Le conseil suprême est le gardien du Pacte fondamental et des lois, et le défenseur des droits des habitants. Il s'oppose à la promulgation des lois qui seront contraires ou qui porteront atteinte aux principes de la loi, à l'égalité des habitants devant la loi et aux principes de l'inamovibilité de la magistrature, excepté dans le

cas de destitution pour un crime commis et établi devant le tribunal.

Il connaîtra des recours contre les arrêts rendus par le tribunal de révision en matière criminelle et examinera si la loi a été bien appliquée; et, une fois qu'il aura prononcé, il n'y aura plus lieu à aucun recours.

61. — En cas de recours contre un arrêt rendu par le tribunal de révision en matière criminelle, le conseil suprême choisira dans son sein une commission composée de douze membres au moins pour examiner si la loi n'a pas été violée. Lorsque cette commission aura constaté que la procédure a été observée et que la loi a été bien appliquée, elle confirmera l'arrêt attaqué et la partie n'aura plus de moyens à faire valoir. Si, au contraire, la commission reconnaît que l'arrêt n'a pas été rendu conformément à la loi ou à la procédure, elle renverra l'affaire devant le tribunal de révision en lui signalant les défauts de l'arrêt. Si, après ce renvoi, le tribunal de révision rend un arrêt conforme au premier, le conseil suprême videra le conflit définitivement en prononçant à la majorité des voix, avec le concours de tous ses membres non légalement empêchés.

62. — Le conseil suprême peut faire les projets de loi de grand intérêt pour le pays ou pour le Gouvernement. Si la proposition est adoptée par

le Chef de l'Etat dans son conseil des ministres, elle sera promulguée et fera partie dès lois du royaume.

63. — Les affaires qui ne peuvent être décidées qu'après avoir été proposées au conseil suprême, discutées dans son sein, examinées si elles sont conformes aux lois, avantageuses pour le pays et les habitants et approuvées par la majorité de ses membres, sont : la promulgation d'une nouvelle loi, l'augmentation ou la diminution dans les impôts, l'abrogation d'une loi par une autre plus utile, l'augmentation ou la diminution dans la solde, le règlement de toutes les dépenses, l'augmentation des forces de terre et de mer et du matériel de guerre, l'introduction d'une nouvelle industrie et de toute chose nouvelle, la destitution d'un fonctionnaire de l'Etat qui aura mérité cette peine pour un crime commis et jugé, la solution des différends qui pourraient avoir lieu entre les employés pour cause de service et des questions non prévues par le Code, l'explication du texte des Codes, l'application de leurs dispositions en cas de différend et l'envoi des troupes pour une expédition dans le royaume.

64. — Le conseil suprême aura le droit de contrôle sur les comptes des dépenses faites dans l'année écoulée, présentés par chaque ministère, afin de vérifier si elles ont été faites conformément aux lois. Il étudiera les demandes de fonds

faites pour l'année suivante, les comparera aux revenus de l'Etat pendant cette même année et fixera la somme allouée à chaque ministère pour que chaque département ne puisse dépenser plus que la somme qui lui sera allouée, ni la dépenser en dehors des objets qui lui seront indiqués. Les détails de ces services devront être discutés au sein du conseil suprême et approuvés par la majorité de ses membres.

65. — Des décrets spéciaux rendus par le Chef de l'Etat sur l'avis du conseil suprême peuvent autoriser des virements d'un chapitre à l'autre du budget pendant le cours de l'année.

66. — Les plaintes pour des contraventions aux lois commises, soit par le Chef de l'Etat, soit par tout autre individu, seront adressées au comité chargé du service ordinaire. Ledit comité devra convoquer, dans les trois jours, le conseil suprême, en temps de vacance, et portera à sa connaissance ladite plainte. Si le conseil est en service, la plainte sera immédiatement portée à sa connaissance pour y être discutée.

67. — Le palais du Gouvernement dans la capitale (Tunis) sera le lieu de réunion de ce conseil.

68. — Ce conseil devra se réunir le jeudi de chaque semaine, de neuf à onze heures du matin, et pourra se réunir également pendant les autres jours de la semaine, selon les exigences du service.

69. — Le palais du conseil suprême est en même temps le dépôt de l'original des lois. Ainsi, toute loi approuvée par le Chef de l'Etat sera renvoyée à ce conseil pour y être enregistrée et conservée dans les archives, après en avoir donné une copie au ministre chargé de l'exécution.

CHAPITRE VIII.

De la Garantie des Fonctionnaires.

70. — Les plaintes contre les ministres pour des faits relatifs à leurs fonctions ou pour une contravention aux lois, seront portées devant le conseil suprême avec les preuves à l'appui pour y être examinées. Si les faits commis emportent la destitution, la suspension ou le paiement d'une amende fixée par le Code, la peine sera prononcée par ce conseil; si, au contraire, le coupable mérite une peine plus grave, l'affaire sera renvoyée devant le tribunal criminel.

71. — Les plaintes contre les agents du Gouvernement, autres que les ministres, pour des faits relatifs à leurs fonctions, seront portées devant le ministre duquel ils dépendent, et de là au conseil suprême, pour y être jugées suivant les dispositions du Code.

Si les faits imputés à l'agent sont de ceux qui emportent une peine grave, telle que l'exil, la détention, les travaux forcés ou la peine capitale, l'affaire sera renvoyée devant le tribunal criminel.

72. — La connaissance des crimes ou délits contre les privés, commis par des ministres, par des membres du conseil suprême ou par tout autre fonctionnaire du Gouvernement, est dévolue au tribunal criminel, à condition, pourtant, qu'il ne pourra poursuivre le coupable sans l'autorisation du conseil suprême. Néanmoins, dans le cas de flagrant délit, le tribunal pourra faire arrêter le coupable et demander au conseil suprême l'autorisation de le poursuivre.

73. — Les plaintes adressées contre un ministre ou tout autre agent du Gouvernement pour dettes ou autres affaires civiles seront jugées par le tribunal civil, sans l'autorisation du conseil suprême.

CHAPITRE IX.

Du Budget.

74. — Le ministre des finances soumettra chaque année au premier ministre un compte détaillé des revenus et des dépenses de l'Etat pendant l'année écoulée avec un aperçu des revenus et des dépenses de l'Etat dans l'année suivante.

75. — A la fin de chaque année, chacun des ministres présentera au premier ministre un compte détaillé des dépenses qu'il aura faites sur les fonds qui auront été alloués à son département pour ladite année et demandera les fonds dont il aura besoin pour l'année suivante. Ainsi, au mois de moharrem 1277, chaque ministre soumettra ses comptes de l'année 1276 et demandera les allocations pour l'année 1278.

76. — Le premier ministre présentera au conseil suprême les comptes et les pièces à l'appui qui lui auront été présentés par les autres ministres, en les accompagnant des explications nécessaires, ainsi qu'il est dit à l'art. 64.

CHAPITRE X.

Du Classement des Fonctions.

77. — Les fonctions civiles se divisent en six classes assimilées aux grades militaires. La première classe correspond au grade de général de division et la sixième à celui de chef de bataillon.

Une loi spéciale désignera la classe à laquelle appartient chacune de ces fonctions.

CHAPITRE XI.

Des Droits et des Devoirs des Fonctionnaires.

78. — Tout sujet tunisien qui n'aura pas été condamné à une peine infamante pourra arriver à tous les emplois du pays, s'il en est capable, et participer à tous les avantages offerts par le Gouvernement à ses sujets.

79. — Tout étranger qui acceptera du service dans le Gouvernement tunisien sera soumis à sa juridiction pendant toute la durée de ses fonctions. Il sera directement responsable devant le Gouvernement tunisien de tous les actes qui concernent ses fonctions, même après sa démission.

80. — Tout fonctionnaire civil ou militaire qui aura servi l'Etat pendant trente ans aura droit à demander sa retraite, qui lui sera accordée d'après une loi spéciale qui sera élaborée à ce sujet.

81. — Nul fonctionnaire, quel que soit son rang, ne pourra être destitué que pour un acte ou des discours contraires à la fidélité exigée dans la position qu'il occupe. Son délit devra être constaté devant le conseil suprême. S'il est prouvé, au contaire, devant ledit conseil, que l'employé

a été accusé à tort, il continuera à occuper sa position, et l'accusateur sera condamné à la peine portée à l'art. 270 du Code pénal.

82. — Les peines afflictives ou infamantes prononcées par le tribunal civil et criminel emportent avec elles celles de la destitution.

83. — Tout employé qui voudra donner sa démission devra le faire par écrit. Dans aucun cas, cette démission ne pourra lui être refusée.

84. — Tout employé du Gouvernement qui aura été condamné par le tribunal à changer de résidence, à la prison pour dettes ou à payer une amende pour un délit qu'il aura commis, ne sera pas pour cela rayé des cadres des employés.

85. — Tous les employés du Gouvernement, tant militaires que civils, sont responsables de tout ce qui peut arriver dans les services dont ils sont chargés, tels que trahison, concussion, contravention aux lois ou désobéissance à un ordre écrit de leur chef.

CHAPITRE XII.

Des Droits et des Devoirs des Sujets du Royaume tunisien.

86. — Tous les sujets du royaume tunisien, à quelque religion qu'ils appartiennent, ont droit à une sécurité complète quant à leur personne,

leurs biens et leur honneur, ainsi qu'il est dit à l'art. 1er du Pacte fondamental.

87. — Tous nos sujets, sans exception, ont droit de veiller au maintien du Pacte fondamental et à la mise à exécution des lois, codes et règlements promulgués par le Chef de l'Etat, conformément au Pacte fondamental. A cet effet, ils peuvent tous prendre connaissance des lois, codes et règlements sus-mentionnés et dénoncer au conseil suprême, par voie de pétition, toutes les infractions dont ils auraient connaissance, quand bien même ces infractions ne lèseraient que les intérêts d'un tiers.

88. — Tous les sujets du royaume, à quelque religion qu'ils appartiennet, sont égaux devant la loi, dont les dispositions sont applicables à tous indistinctement, sans avoir égard ni à leur rang, ni à leur position.

89. — Tous les sujets du royaume auront la libre disposition de leurs biens et de leurs personnes. Aucun d'eux ne pourra être forcé à faire quelque chose contre son gré, si ce n'est le service militaire dont les prestations sont réglées par la loi. Nul ne pourra être exproprié que pour cause d'utilité publique, moyennant une indemnité.

90. — Les crimes, délits et contraventions que pourront commettre nos sujets, à quelque religion qu'ils appartiennent, ne pourront être jugés que par les tribunaux constitués, ainsi qu'il est

prescrit dans le présent Code, et la sentence ne sera prononcée que d'après les dispositions du Code.

91. — Tout Tunisien né dans le royaume, lorsqu'il aura atteint l'âge de dix-huit ans, doit servir son pays pendant le temps fixé pour le service militaire, en conformité du Code militaire. Celui qui s'y soustraira sera condamné à la peine énoncée dans ledit Code.

92. — Tout Tunisien qui se sera expatrié pour quelque motif que ce soit, qu'elle qu'ait été du reste la durée de son absence, qu'il se soit fait naturaliser à l'étranger ou non, redeviendra sujet tunisien dès qu'il rentrera dans le royaume de Tunis.

93. — Tout Tunisien possédant des immeubles en Tunisie, qui se sera expatrié même sans autorisation du Gouvernement, aura le droit de louer ou vendre ses propriétés, et de toucher le montant de la vente ou des loyers, à condition pourtant que la vente aura lieu dans le royaume et en conformité de ses lois. S'il est poursuivi pour dettes, il sera déduit du montant du produit de la vente ou des loyers les sommes qu'il aura été condamné à payer judiciairement.

94. — Les Tunisiens non musulmans qui changeront de religion continueront à être sujets tunisiens et soumis à la juridiction du pays.

95. — Tout sujet tunisien, sans distinction de

religion, qui possède en propriété des biens immeubles dans le royaume, sera tenu à payer les
droits déjà établis ou ceux qui le seront à l'avenir, suivant les lois et règlements régissant la matière.

96. — Tous ceux de nos sujets qui possèdent
un immeuble quelconque, soit comme colon par-
tiaire, soit par location perpétuelle, soit par
droit de jouissance, ne pourront céder leurs
droits de propriété par vente, donation ou de
tout autre manière qu'à ceux qui ont le droit de
posséder dans le royaume. La cession à d'autres
ne sera pas valable.

97. — Tous nos sujets, à quelque religion
qu'ils appartiennent, ont le droit d'exercer telle
industrie qu'ils voudront et d'employer à cet effet
tels engins et telles machines qu'ils jugeront nécessaires, quand même cela pourrait avoir des
inconvénients pour ceux qui voudront continuer
à se servir des anciens procédés.

Aucune usine ne pourra être installée dans la
capitale, dans une autre ville ou aux environs,
sans l'autorisation du chef de la municipalité,
qui veillera à ce que cette usine soit placée de
manière à ne causer aucun dommage au public
ou à des particuliers.

Les machines venant de l'étranger seront soumises aux droits de douane.

Ceux de nos sujets qui exercent une industrie

quelconque devront se soumettre aux droits établis ou que nous établirons à l'avenir.

Les fabrications défendues aux particuliers sont la poudre, le salprêtre, les armes et les munitions de guerre.

98. — Tous nos sujets, à quelque religion qu'ils appartiennent, sont libres de se livrer au commerce d'importation et d'exportation, en se conformant aux lois et règlements déjà établis ou qui seront établis à l'avenir, relativement aux droits d'entrée et de sortie sur les produits du sol et manufacturés.

99. — Tous nos sujets devront respecter les interdictions qui émaneront de notre Gouvernement quant l'intérêt du pays l'exigera, au sujet de l'entrée et de la sortie de certains produits, tels que les armes, la poudre et autres munitions de guerre, le sel et le tabac.

100. — Il sera facultatif à tous nos sujets, à quelque religion qu'ils appartiennent, d'embarquer eux-mêmes les produits qu'ils exporteront, blés, huiles, etc., etc., sans être obligés de se servir des moyens de transport de tel ou tel fermier; mais il seront tenus à faire peser ou mesurer leurs produits par les peseurs et mesureurs du Gouvernement, qui prélèveront le droit fixé.

101. — Les navires qui entreront dans nos ports pour y faire des opérations de commerce paieront les droits de port, d'embarquement et de

débarquement qui seront fixés par une loi spéciale d'une manière uniforme pour tous les ports du royaume.

102. — Pour faciliter le développement du commerce et pour arriver à ce but, il est nécessaire d'adopter un système uniforme de poids et mesures pour toutes les provinces du royaume. Une loi spéciale qui fera partie de ce Code sera élaborée à cet effet.

103. — Tous les droits et redevances quelconques ne seront plus affermés, mais ils seront perçus par des employés du Gouvernement, dont la gestion sera réglée par une loi spéciale qui sera élaborée à cet effet et fera partie du Code.

104. — Le Gouvernement ne prélèvera plus aucun droit en nature, à l'exception des dîmes sur les récoltes des grains et des olives.

CHAPITRE XIII.

Des Droits et des Devoirs des Sujets étrangers établis dans la Tunisie.

105. — Une liberté complète est assurée à tous étrangers établis dans les états tunisiens, quant à l'exercice de leurs cultes.

106. — Aucun d'eux ne sera molesté au sujet de ses croyances, et ils seront libres d'y persévérer ou de les changer à leur gré.

Leur changement de religion ne pourra changer ni leur nationalité, ni la juridiction dont ils relèvent.

107. — Ils jouiront de la même sécurité personnelle garantie aux sujets tunisiens par le chapitre II, *Des explications des base du Pacte fondamental.*

108. — Ils ne seront soumis ni à la conscription, ni à aucun service militaire, ni à aucune corvée dans le royaume.

109. — Ainsi qu'il a été promis aux sujets tunisiens, il est garanti aux étrangers établis dans le royaume une sûreté complète pour leurs biens de toute nature et pour leur honneur, ainsi qu'il est dit aux chapitres III et IV *De l'explication du Pacte fondamental.*

110. — Il est accordé aux sujets étrangers établis dans le royaume les mêmes facultés accordées aux sujets tunisiens, relativement aux industries à exercer et aux machines à introduire dans le royaume, et ils seront soumis aux mêmes charges et conditions.

111. — Lesdits sujets étrangers ne pourront établir les usines destinées à l'exercice des industries que dans les endroits où ils ont le droit de posséder et dans l'emplacement qui sera désigné par la municipalité, ainsi qu'il est dit à l'article 97.

112. — Les sujets étrangers établis dans les

États tunisiens pourront se livrer au commerce d'importation et d'exportation à l'égal des sujets tunisiens et ils devront se soumettre aux mêmes charges et restrictions que celles auxquelles sont soumis lesdits sujets tunisiens.

113. — L'article 11 du Pacte fondamental avait accordé aux sujets étrangers la faculté de posséder des biens immeubles, à des conditions à établir ; mais quoique tout ce qui résulte du Pacte fondamental soit obligatoire, néanmoins, en considérant l'état de l'intérieure du pays, il a été reconnu impossible d'autoriser les sujets étrangers à y posséder, par crainte des conséquences. Ainsi, une loi spéciale désignera les localités de la capitale et ses environs, des villes de la côte et leurs environs où les étrangers pourront posséder.

Il est bien entendu que les sujets étrangers qui posséderont des immeubles dans les localités désignées seront soumis aux lois établies où à établir par la suite à l'égal des sujets tunisiens.

114. — Les créatures de Dieu devant être égales devant la loi, sans distinction, soit à cause de leur origine, de leur religion ou de leur rang, les sujets étrangers établis dans nos États et qui sont appelés à jouir des mêmes droits et avantages que nos propres sujets devront être soumis, comme ceux-ci, à la juridiction des divers tribunaux que nous avons institués à cet effet.

Les plus grandes garanties sont données à tous soit par le choix des juges, soit par la précision des codes d'après lesquels les magistrats doivent juger, soit par les divers degrés de la juridiction, et pourtant, afin de donner une sécurité plus grande, nous avons établi dans le Code civil et criminel que les consuls ou leurs délégués seront présents devant tous nos tribunaux dans les causes ou procès de leurs administrés,

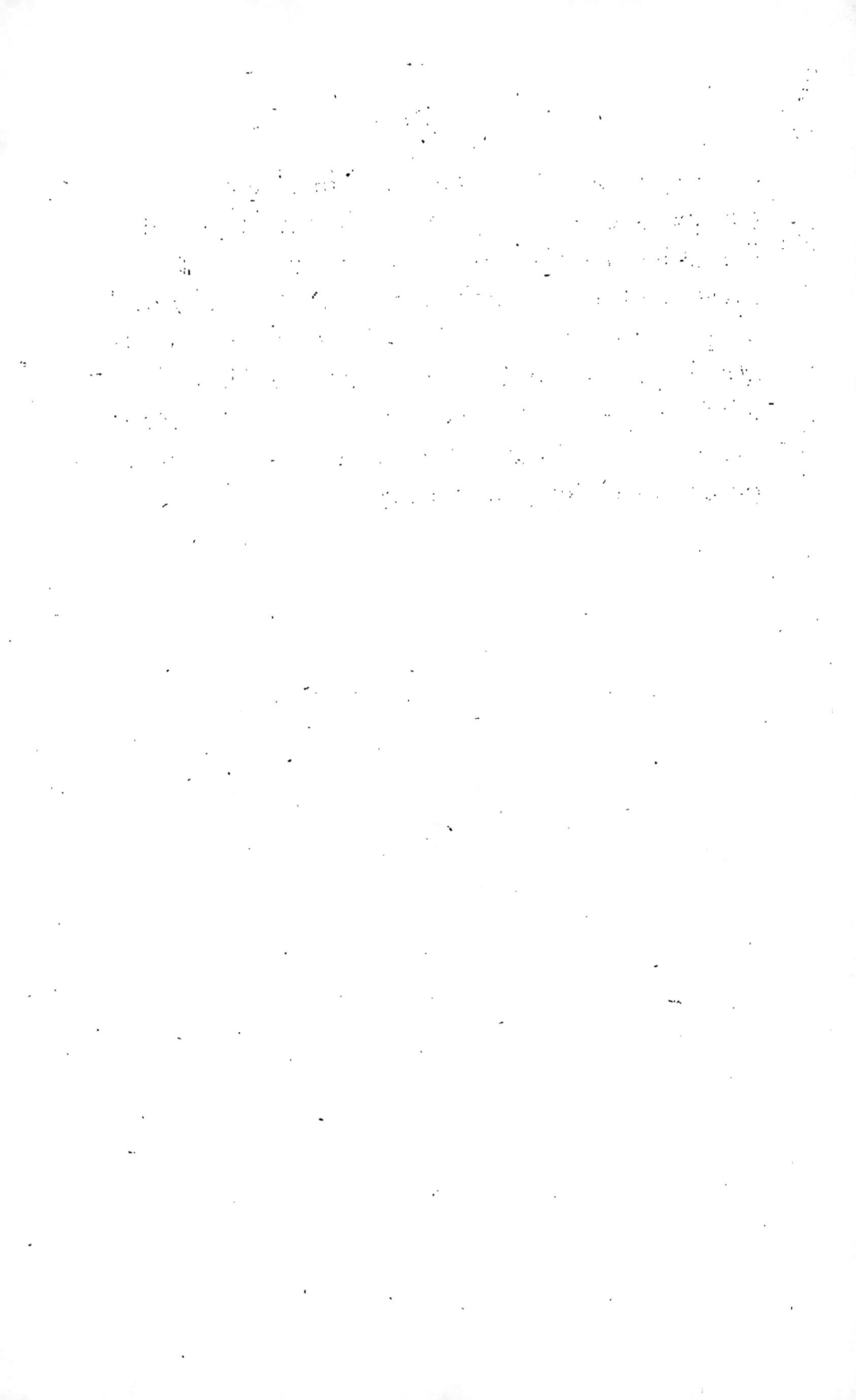

DES TRAITÉS AVEC LA TUNISIE.

Nous regrettons de ne pouvoir faire suivre la reproduction du Pacte fondamental de celle des capitulations et traités conclus à différentes époques, avec les souverains de la Tunisie, par les divers gouvernements de l'Europe et que le Pacte fondamental rendait tous surannés de fait. Nous ferons simplement remarquer que la plupart de ces traités, même ceux conclus avec la France, ne parlent que d'un royaume de Tunisie et d'un roi de Tunisie[1], deux expressions qui excluent toute idée de dépendance de la Tunisie et de son souverain de n'importe quelle autre puissance[2]. Nous constaterons ensuite que la plupart de ces traités érigent dans le

---

[1] En 1251, Venise donnait déjà au souverain de la Tunisie le titre de roi.

Nous trouvons le même titre dans le traité conclu entre le souverain de la Tunisie et l'Angleterre le 17 avril 1826.

Dans le traité du 4 janvier conclu avec l'Autriche, le souverain de la Tunisie est expressément désigné par le titre de *possessore del regno di Tunisi*.

Nous ne mentionnons que ces trois traités comme particulièrement caractéristiques. Nous pourrions remplir une page de citations analogues.

[2] Nous pourrions également, par de nombreuses citations, rappeler des documents authentiques constatant l'entière indépendance politique de la Tunisie. Un des documents les plus importants de ce genre, déposé aux archives consulaires de Hollande à Tunis, justifie complètement, comme le dit avec raison M. le consul Rousseau dans ses *Annales tunisiennes*, cette indépendance. C'est le consentement donné par Ali-Bey, en 1781, *manu propriâ*, au traité conclu entre la Porte d'une part, l'Autriche et la Toscane de l'autre.

royaume de Tunisie de petits états à part
composés des étrangers des diverses nations
habitant ce royaume, et que ces divers petits
états sont littéralement dirigés, sans contrôle aucun de la part du souverain de la
Tunisie, par les consuls qui en sont les
chefs, qui y règnent et qui les gouvernent
à la fois.

Nous dirons encore que ces traités font
ressortir d'une manière flagrante le manque
de logique dans la conduite des gouvernements européens qui concluent des pactes
avec un souverain dont ils reconnaissent l'indépendance par des traités authentiques,
mais auxquels ils refusent le droit de se faire
représenter auprès d'eux et de leurs souverains par des envoyés officiels.

DE L'ISLAMISME.

Nous avons émis sur l'avenir de l'islamisme des idées qui trouveront de nombreux adversaires. Nous sommes certain
de rencontrer de nombreux incrédules à
l'égard de notre opinion sur la vitalité de
la croyance musulmane.

Qu'il nous soit donc permis de rappeler ici
une page du célèbre auteur des *Etudes politiques et historiques*, et d'exprimer le regret que
l'islamisme, si tolérant envers les confessions
dissidentes, soit si sévère à l'égard de ceux
qui trouvent la religion du prophète supé-

rieure aux autres croyances du globe au
point de s'y convertir. C'est là, croyons-
nous, un des motifs pour lesquels l'islamisme est devenu stationnaire. Les musulmans devraient pourtant réfléchir que si
leurs ancêtres n'avaient pas abjuré leur
culte grossier, l'islamisme n'existerait pas.

Voici maintenant le langage de l'auteur
des *Etudes politiques et historiques*, p. 334[1]:

« La religion mahométane elle-même ne
s'est affermie et propagée que par la modé-
ration et la tolérance de ses sectateurs. C'est
une erreur de croire que cette religion ne
s'est répandue que par la force des armes.
La loi mahométane, il est vrai, ordonne
d'employer le glaive pour soumettre les
croyances, mais les prudents sectateurs de
Mahomet ne lui ont point obéi, et ils lui ont
substitué la liberté et la tolérance. La loi

---

(1) Paris, Ambroise Dupont, 1836. In-8º.

chrétienne, au contraire, commande la douceur et la persuasion, les chrétiens ont demandé leurs prosélytes à la flamme et au fer. Les mahométans ont été conquérants, mais ils n'ont point fait violence aux peuples conquis pour leur faire embrasser leur religion. Cette vérité est reconnue par un historien de grande autorité [1].

« Les sectateurs de Mahomet, dit-il, sont » les seuls enthousiastes qui aient uni l'esprit » de tolérance avec le zèle du prosélytisme, » et qui, en prenant les armes pour étendre » et propager la doctrine de leur prophète, » aient permis en même temps à ceux qui » ne voulaient pas la recevoir, de rester » attachés à leur opinions et aux pratiques » de leur culte.... »

» Sous la longue domination des Maures, l'Espagne chrétienne n'éprouva aucune violence dans l'exercice de son culte. Si quel-

(1) Robertson.

ques-uns de ses peuples embrassèrent la religion mohamétane, ce ne fut point par contrainte. La douceur du gouvernement d'Abdérame avait attiré à lui et à sa religion une partie des peuples qui lui étaient soumis. Un second règne semblable au sien aurait complété la révolution morale et religieuse de cette contrée, et l'Espagne devenue catholique et romaine jusqu'au fanatisme, eût été entièrement et volontairement mahométane par la seule pente du gouvernement le plus généreux de cette époque. Ainsi la douceur, la justice et les vertus d'un grand prince, et la magnanimité de son gouvernement, avaient seules changé les mœurs, l'opinion et les croyances de presque tous les peuples de l'Espagne.

» Si les missionnaires chrétiens envoyés dans les vastes empires de l'Inde ne s'étaient point écartés de la vertu qui leur avait inspiré de si saintes entreprises, ils seraient parvenus à fonder le christianisme sur les

ruines de l'idolâtrie ; mais leurs grandes
œuvres dans cette brillante partie du monde,
si miraculeusement opérées par leurs premières vertus, s'écroulèrent pour jamais,
quand ces peuples, d'abord séduits et bientôt désabusés, découvrirent sous le masque
d'une religion nouvelle toutes les passions
d'envahissement, d'ambition et de cupidité
qui ont rendu si célèbres dans l'Inde les
peuples de l'Europe. Ce ne sont point ces
nations entraînées qui ont résisté à l'empire
de la vertu ; mais c'est la vertu qui a man-
qué à ses prédicateurs. »

Nous lisons d'autre part dans l'ouvrage
de M. de Flaux, déjà cité dans notre brochure :

« La morale du Coran est de tout point
admirable. Nulle part ailleurs, si ce n'est
dans l'Evangile, le droit du pauvre, du
faible, de l'infirme ne sont plus énergique-
ment defendus, et l'orgueil du puissant,
l'avarice du riche et la brutalité du fort,

plus sévèrement menacés au-delà de la vie de plus terribles châtiments. »

Et ailleurs encore, M. de Flaux, entrant dans la pensée de l'auteur des *Etudes politiques et historiques*, écrit :

« Les musulmans n'ont jamais connu notre barbare exclusivisme. Les sectateurs de différents cultes vivent ensemble en bonne intelligence ; ils n'ont pas au cœur ces haines farouches et implacables qui ont si long-temps divisé la chrétienté ; nos supplices, si nombreux et si terribles contre les prétendus hérétiques leur sont inconnus, de même que ces guerres affreuses qui ont dépeuple les plus beaux pays de l'Europe. »

ERRATA.

Page 76, ligne 11, *au lieu de :* dont il était alors, *lisez :* jusqu'alors.

Page 80, ligne 4, *au lieu de :* intérieures, *lisez :* extérieures.

www.ingramcontent.com/pod-product-compliance
Lightning Source LLC
Chambersburg PA
CBHW072052080426
42733CB00010B/2092